JN071759

テモテへの手紙第一に聴く

健全な教会の形成を求めて

赤坂　泉［著］

いのちのことば社

はじめに

牧会書簡

テモテへの二通の手紙とテトスへの手紙が「牧会書簡」と呼ばれるようになったのは、十八世紀以降です。異論もありますが、これらの書簡の内容に鑑みて、適切な呼称だと思います。若い牧会者を教え励ますこれらの手紙は、パウロの牧会観を浮き彫りにし、牧会が直面する課題に光を当てます。そして、時代を超えて教会を整え、牧会者を整える神のことばです。

用語や文体の違いを強調して著者性を問う議論や、正典性を問う議論はやみませんが、パウロの真筆性を覆すだけの十分な証拠はありません。むしろ、聖書そのものも聖書外資料も、これらがパウロを通して与えられた神のことばであることを示していると言えます。詳論には踏み込みませんが、興味のある方は、注解書を手がかりに、そうした議論や背景となる資料を知ることができます。

パウロ

パウロは回心の初めから、自分が異邦人への使徒とされたことを自覚していて、「地の果て」まで福音を伝えることを願いました（使徒一三・四七、ガラテヤ二・八など）。しかし、自分の力だけで、とは決して考えませんでした。「私たちの福音は、ことばだけでなく、力と聖霊と強い確信を伴って、あなたがたの間に届いたからです」（Ⅰテサロニケ一・五前半）、また「私のことばと私の宣教は、説得力のある知恵のことばによるものではなく、御霊と御力の現れによるものでした」（Ⅰコリント二・四）と告白して、福音宣教に仕えました。

「使徒の働き」に記録された三度の「伝道旅行」で、それぞれの宣教の契機や目的や旅程等のことがかなり理解できます。この後のパウロの伝道活動についてはどうでしょう。「使徒の働き」の記述は、ローマでの二年に及ぶ軟禁生活の記事で唐突に終わっていて、その後についての情報を与えてくれません。しかし聖書内外の資料を総合すると、ローマでの軟禁の二年間の後、パウロはいったん釈放されて、いわば「第四次」伝道旅行に赴いたと考えることができます。正確な旅程を特定することはできませんが、ローマから、少なくとも数人の同行者を伴って出発し、いくつかの地域を巡回したと考えるのが妥当と言えるでしょう。エペソからマケドニア（Ⅰテモテ一・三）のほか、クレタ（テトス一・五）、ニコポリス（同三・一二）、コリントとミレトス（Ⅱテモテ四・二〇）など、この時期のものと考えられるパウロの足跡は広範です。ローマのクレメンスが、パウロは「西の果てまで」宣教したと記録しているのは、イスパニア（スペイン）のことかもしれません（ローマ一五・二四参照）。その後、再び捕えられて、皇帝ネロの迫害下のローマで殉教したと考えられています。

パウロの人物像も、聖書からかなりよくわかります。小アジアのキリキアの州都タルソ出身の生粋のヘブル人で、高名なラビ、ガマリエルの門下で律法教育を受けた、パリサイ派の青年エリートでした。生まれながらのローマ市民権をもっていたという事実等も考え合わせると、パウロの家庭は、社会的、経済的に高い位置にあったようです。また、出身地のタルソは「アテネ、アレクサンドリアに次ぐローマ第三の学都で、古代世界に知られたストア派のアテノドロスをはじめ、すぐれた哲学者を生み出した。……海に向かって開けた都市、多様な民族の住む社会」（『新聖書辞典』いのちのことば社、八一二頁）だといいます。それでパウロはギリシア語にも堪能であり、ヘレニズム文化も熟知していたようです。

パウロ自身の自己理解について、そして周囲のパウロに対する評価については、ガラテヤ人への手紙一章一三〜一四節、ピリピ人への手紙三章五〜一一節を参照してください。

このパウロが世界宣教の奉仕者として主に召されたのは、教会の誕生（使徒二章）から数年以内のことであると考えられます。あの劇的な回心（使徒九章）の後、約三年間、ダマスコとアラビアで過ごし、そのあと十年以上の期間、故郷タルソなどで伝道者として奉仕しました。バルナバに引き出されてアンティオキアに登場するのは紀元四五年を過ぎたころで、回心からすでに十数年を経ていました。聖書には情報の少ない、目立たない期間ですが、パウロが伝道者としての奉仕を続け、経験を重ねた大切な期間でしょう。その後に、先に記した三回ないし四回の伝道旅行が始まるわけですが、その活動期間は合計で二十年余です。短期間にきわめて広範囲で活躍したことに驚かされます。

同時に、その時間の使い方には明らかなムラがあることに気づきます。というのは、第二次伝道旅行でコリントに一年半、第三次伝道旅行でエペソに三年近く、ローマの軟禁生活で二年というように、多くの時間をこれら三都市の宣教に集中して割いているからです。カイサリアの獄中での二年間や当時の旅行に要する時間等も勘案すると、二十年余の活動期間のかなりの部分がこの三都市で用いられているのです。

コリントでの滞在延長が主の仰せ（使徒一八・九〜一〇）によることを考えると、エペソでの集中伝道も、それが主の御旨であるとわきまえての意図的な時間の使い方だったと考えてよいでしょう。選択と集中です。ギリシア世界の主要都市コリント、アジアの州都エペソ、そして当時の世界の中心であるローマと、各地域の中心都市で集中的に伝道し、そこに教会を建て上げることをパウロは目指したのでしょう。滞在奉仕の期間に加えて、これらの教会に対する働きかけ（訪問、手紙、人の派遣等）も、パウロの関心の大きさを示しています。

エペソ宣教の戦略的重要性

「宣教戦略」という表現を用いるなら、エペソは戦略的にきわめて重要な都市でした。小アジアの州都であり、「地中海と黒海沿岸にあるギリシア人による植民地は、本来、通商交易のため重要拠点であった。……小アジアの全盛期には、二百三十もの独自の共同体が存在し、それぞれ各自の個性や富を誇り、自分たちの通貨を発行し、共同体独自の生活を営んでいた。……シリアのアンティオキア、エジプトのアレクサンドリアと共に、東地中海の三大都市の一つに数えられていた。各種の陸路、海路が集まる中心地で、東洋および西洋から来た人々が行き交い、交易の品々も各地から集まっていた。フェニキアのアシュタロテに類したリュディアの多産の女神（ギリシアのアルテミス、ローマのディアナ）が市民の生活に大きな影響を与えていた。エペソにあったアルテミスの壮大な神殿は、古代世界の不思議の一つであった。ギリシアの歴史家パウサニアスは、当時存在していた建造物の中で最も規模の大きなものであると言っている」（参照、『新聖書辞典』いのちのことば社、二〇三頁）。

この大都市に、将来にわたってその周辺地域の宣教の責任を担うことのできる拠点教会を形成することをパウロは目指したと考えられます。

簡潔に、その証左としてエパフラスとコロサイの教会に言及しておきます。コロサイの教会は、パウロ自身が伝道に出かけて生み出された教会ではなく、エパフラスによる故郷伝道の実でした。エパフラスが教会の諸問題に直面して、パウロの指導を仰ぎにローマに出かけたのだとすれば、パウロのエペソ集中伝道の期間に薫陶を受けていた、と考えるのも合理的でしょう。つまり、パウロがエペソでの伝道と教会形成に注力したことを通し、エパフラスという人物を通して、実際に、周辺地域に福音宣教のわざが拡がっていったと考えられるのです。

ともかく、パウロのエペソの教会の形成に仕える働きは、使徒の働き一八章以下の三年間の直接伝道のほか、同二〇章にある、ミレトスに長老たちを呼び寄せての教育、ローマの獄中からの書簡による牧会、ティキコの派遣、テモテの任職など、幾重にも及びます。エペソの教会の戦略的重要性を考えると、なるほどよく理解できます。

本書簡の背景

テモテへの手紙第一は、エペソで奉仕するテモテを教え励ますパウロの手紙です。一章三節の記事は、「第四次」伝道旅行の途中の出来事と考えられます。宣教の重要拠点であるエペソの教会に「違った教え」などが侵入して、大きな混乱を来してはなりません。それで、自分の奉仕の終焉を意識したパウロが、最も信頼する弟子の一人であるテモテを、エペソでの奉仕に任じたのでしょう。一章三節を、他所からエペソにテモテを派遣したと読む注解者も少なくありませんが、パウロにとってのエペソの戦略的重要性を考えると、またこの手紙に「よろしく」という挨拶がないことも考えると、パウロ自身もエペソに立ち寄ったと考えるほうが筋が通るでしょう。エペソでテモテと別れた後、それほど経たないうちに書き送られた手紙であると考えられます。手紙を通してテモテを励ますわけですが、それは間接的にではあれ、エペソの教会の建て上げに仕えるパウロの奉仕でもあります。

加えて紹介しておきますが、テモテはこの後エペソの教会の初代監督となって、生涯の終わりまで奉仕したと伝えられています。彼の死の時期や経緯については複数の聖書外資料があり、確定できませんが、ローマ帝国の迫害によるか、異教徒による私刑か、いずれにしても殉教の死であったようです。

それでは、福音の宣教と健全な教会の形成に注力するパウロの伝道・牧会の中で紡ぎ出されたことばをこの書簡に学び、共に主のみことばに教えられたいと思います。

目次

1　拠って立つところ

〈一・一〜二〉

「私たちの救い主である神と、私たちの望みであるキリスト・イエスの命令によって、キリスト・イエスの使徒となったパウロから、信仰による、真のわが子テモテへ。父なる神と私たちの主キリスト・イエスから、恵みとあわれみと平安がありますように。」

これは、牧会者テモテを教え励ますパウロの手紙です。パウロの最晩年のこのとき、テモテはエペソの教会を監督牧会する務めに任じられていました。これまでは何かにつけてパウロの指導を仰ぐことができたでしょう。今後はその可能性が大きく制限されることになりそうです。小アジア宣教の重要拠点であるエペソでの教会形成という重大な務めに当たっているテモテを、パウロはなお遠くから教え励ますのです。

それでは、当時の牧会者に対して書き送られた励ましの手紙を通して、時代を超えて教会に対して語られる神のみこころを、共に聞いていくことにしましょう。

まことの救い、まことの希望

自己紹介から手紙を書き出すことは、当時としてもパウロにおいても普通のことでした。「キリスト・イエスの使徒となったパウロ」という自称は、いくつもの手紙に出てきます。同時に、この手紙に独自の表現もいくつかあるので、初めにそれらに目を留めておきましょう。

日本語の語順で、まず、「私たちの救い主である神」という表現です。馴染みのある表現だと思われるかもしれませんが、実は珍しいものなのです。救い主は、むしろイエス・キリストと結びつくように思わないでしょうか。「救い主である神」という組み合わせは、新約聖書にわずか八例程度で、しかもそのほとんどが牧会書簡にあります。その背景には、殉教が近づいていることを知っていたパウロが、その緊張感の中で神の救いをいよいよ現実的に感じて、神を「救い主」と呼んでいることがあるかもしれません。ただ、それだけではないと思います。当時のエペソの町が直面していた状況にも目を向けると、次のようなことがわかるからです。

一つには、当時、ローマ皇帝が「救い主」と呼ばれることを要求し、礼拝されることを求めるようになっていたことです。なるほど、戦乱を平定して平和国家を建設した皇帝が、現世的な意味での「救い」をもたらしたことは一面の事実と言えるでしょう。けれども、だからといって皇帝が自分に対する礼拝を要求するのは考え違いです。上に立つ権威は、民に益を与えるための神のしもべとして、神によって立てられている存在だからです（ローマ一三・一参照）。「礼拝されるべき救い主はまことの神だけである」という主張が、このいくらか珍しい表現に込められているのかもしれません。

もう一つ、エペソに独自の事情として、アルテミス礼拝との関係もあります。町がアルテミス神殿の門前町として繁栄したという面があるのです。それは、使徒の働き一九章の銀細工人たちの言い分からも明らかです。豊饒の神として祀られていたと言われるアルテミスもまた、「救い主」と呼ばれて礼拝されていたようです。けれども、これも全くの考え違いです。人間の手で作られた神々は、人を救うことはできません。預言者イザヤは、偶像を「救い主」と呼んで礼拝することの空しさを鮮明に言い表しました。「偶像を造る者はみな、空しい。彼らが慕うものは何の役にも立たない」（イザヤ四四・九）と宣告し、鉄の細工、木の細工に言及したうえで、人間が材木を薪にして暖をとり、パンを焼き、「その残りで神を造って自分の偶像とし、ひれ伏してそれを拝み、こう祈る。『私を救ってください。あなたは私の神だから』と」（同一七節）と述べて、その姿を皮肉たっぷりに描いています。全くそのとおりです。人間が作り出した神に救いを求めても何の役にも立たないからです。

パウロは、この時代の、この町の人々のことを意識して、「救い主である神」という珍しい表現を用いて、ローマ皇帝ではなく、女神アルテミスでもなく、まことの救い、まことの神へと読者の注意を向かわせようとしているのです。

これは、今日の私たちにも求められる大切な自覚であり、大切な告白です。まことの神のまことの救いを信じる私たちは、他のどんなものも「救い主」と呼んで礼拝するようなことを決してしてはなりません。私たちが礼拝すべきお方は唯一の神ただひとりであって、ほかにありません。今、明治時代に創られた国家神道のようなものの復権を警戒しなければならない時流を感じます。あるいは、「霞が関」であれ「大手町」であれ、「企業城下町」や諸宗教の門前町であれ、そこに棲む民の「救い主」が立ち上がって、称賛を強制したり、礼拝を要求したりするような事態があるかもしれません。そのようなときには、私たちは毅然として立ち、私たちのまことの救い主である神のみを礼拝する旗色を鮮明にしなければなりません。主が私たちの識別力を助け、立つべきところに堅く立てるように助けてくださることを祈りたいと思います。

一節に、もう一つ、「私たちの望みであるキリスト・イエス」という表現が続きます。

ここにもパウロの注意喚起を読み取ることができます。キリスト以外にもいろいろな希望があるかのような教えが教会を惑わすことがあります。そのことは次回、三節以下で改めて学びますが、確かに、終末意識を煽り立てて人心を惑わそうとしたり、現世利益や即席の幸福を掲げてキリストでないものに信仰者の視線を向かわせようとしたりする力が、教会を揺さぶることがあります。パウロは別の手紙でも、こう述べています。

「あなたがたも、かつては神から離れ、敵意を抱き、悪い行いの中にありましたが、今は、神が御子の肉のからだにおいて、その死によって、あなたがたをご自分と和解させてくださいました。あなたがたを聖なる者、傷のない者、責められるところのない者として御前に立たせるためです。ただし、あなたがたは信仰に土台を据え、堅く立ち、聞いている福音の望みから外れることなく、信仰にとどまらなければなりません。この福音は、天の下のすべての造られたものに宣べ伝えられており、私パウロはそれに仕える者となりました」（コロサイ一・二一〜二三）。

私たちもキリストから目を離さないで、キリストが私たちの望みであるという告白に堅く立ちたいと思います。

任命

さて、パウロは、「私たちの救い主である神と、私たちの望みであるキリスト・イエスの命令によって」使徒となった、と言います。ここにある「命令」という語がパウロの自己紹介で用いられるのは二回だけです（もう一つはテトス一・三）。これよりも一般的なのは、「神のみこころによりキリスト・イエスの使徒として召された」（Ⅰコリント一・一）というように、「召された」、「呼ばれた」という表現です。「召されて使徒になった」と言うのではなく、この箇所では「命令によって」と言います。しかもこの「命令」は、もう一つの、より一般的な「命令」という語（たとえば六・一四。「戒め」や「指示」とも訳される）に比べて、権威の響きを伴う、強い命令を表す語です。この語が出てくるもう一つの箇所、テトスへの手紙二章一五節では、「十分な権威をもって」と訳されています。また、この「命令」は、「任命する」という動詞から派生した語です。ここから浮き彫りにされるのは、神の権威のもとで、神によって任命された使徒である、という自己理解です。

パウロだけではありません。伝道者は、自分で志願して立つのでなく、教会に推されるから立つのでもなくて、神に呼び出され、神によって任命されるのです。神は強制なさることはありませんが、神の命令ですから、最終的には選択の余地はありません。ともかく、伝道者はそのような、権威を伴う神の招集によって務めに就くということを、伝道者自身も教会もよくわきまえたいと思います。

拠って立つところ

パウロのこのような自己理解に触れて、テモテは大いに励ましを受けたと思います。エペソの教会の牧会において困難に直面していたテモテです。パウロのこの手紙には、多くの励ましがあり、アイデンティティの確認を迫る語りかけがありますが、手紙の最初からテモテは自分を見つめる視線を整えられ、立つべきところを確認させられ、姿勢を正される思いに導かれたでしょう。

まことの救い主を信じ、見るべき希望を見つめて立つことです。神の召しと命令を確認して、そこに生きることです。

私たちはどうでしょうか。伝道者だけのことではありません。キリスト者一人ひとりのことです。人生の拠りどころを、神の恵み以外のどこかに置こうとする危うさを自覚することがないでしょうか。さすがに、為政者や偶像の神を拠りどころにしようとすることはないでしょうが、回心したあの時に、あきらめ、手放したはずの自分の努力や能力に再び寄りかかろうとする危険にハッとさせられることはないでしょうか。あるいは、だれか人間に寄りかかり、その人や、何かの社会システムが自分の人生を支えてくれる確かな土台であるかのように思い込む危険はないでしょうか。また、人の評価や称賛の中に、望みを見いだそうとする傾向はないでしょうか。自分の達成感や充足感を基準にする危険も、私たちにとって他人事ではないでしょう。私たちの望みをキリスト以外のどこかに据えようとする誘惑に気をつけなければなりません。

今一度、自分がどこに立っているか、何を拠りどころにしているかを確かめましょう。何を望みとして歩んでいるかを確認しましょう。一人ひとりが、自分に対する神の命令、神の御旨を確かめ、私は神の召しに応答して今を生きている、と言える歩みをしたいと思います。

恵みとあわれみと平安

そして、神の恵みとあわれみと平安が、今の自分に豊かに備えられていることを確認して、主に感謝したいのです。

パウロは手紙の最初の祈りでは、普通は「恵みと平安」を祈りますが、テモテへの手紙第一とテモテへの手紙第二だけは少し違っています。そこに「あわれみ」が含まれています。どんな特別な意図があるのでしょうか。パウロは何を伝えたかったのでしょうか。

「あわれみ」という語は、名詞と動詞を合わせると、テモテへの手紙第一で三回、テモテへの手紙第二で三回用いられますが、二つの手紙の間でもこの語に込めた意味に違いがあるようです。今は第一の手紙に限って考えます。パウロは、迫害者であったのに「信じていないときに知らないでしたことだったので、あわれみを受けました」(一・一三)と語り、「私はあわれみを受けました。それは、キリスト・イエスがこの上ない寛容をまず私に示し、私を、ご自分を信じて永遠のいのちを得ることになる人々の先例にするためでした」(同一六節)と述べています。

テモテにも、この同じ「あわれみ」を受けて生かされ、務めに立たされているという事実を思い出してほしい、というパウロの願いが、最初の祈りに込められているのでしょう。テモテが牧会の困難に直面したときに、人間的な能力に訴えて、それを突破しようとするのでなく、神の恵みとあわれみによって奉仕してほしい、そのことを励ましたい、そのようなパウロの願いの現れでしょう。

加えて、「あわれみ」という語の旧約聖書の背景にも心を向けてみましょう。旧約のギリシア語訳である七十人訳聖書では、この名詞は約三百五十回も用いられ、そのうち二百回以上はヘブル語「ヘセド」の訳語です。ヘセドは「恵み」と訳されることが多いのですが、「真実の愛」や「誠実」などとも訳されます。豊かな拡がりのある語で、語り尽くすことが難しいことばですが、あえて簡潔にまとめるなら、神の選びに発する契約の愛であり、その確かな現れのことです。人間の側の努力や可能性によるのではありません。神の一方的な御愛です。

その神の愛に生かされ、あわれみに支えられているのは、テモテだけではないし、伝道者たちばかりでもありません。一章一六節からわかるように、神のあわれみは、信じて永遠のいのちを得ることになるすべての人々に向けられています。今日、このみことばの前に立つすべての人の上に、恵みとあわれみと平安がありますように。

2　違った教えに気をつけて

〈一・三〜七〉

「私がマケドニアに行くときに言ったように、あなたはエペソにとどまり、ある人たちが違った教えを説いたり、果てしない作り話と系図に心を寄せたりしないように命じなさい。そのようなものは、論議を引き起こすだけで、神に委ねられた信仰の務めを実現させることにはなりません。この命令が目指す目標は、きよい心と健全な良心と偽りのない信仰から生まれる愛です。ある人たちはこれらのものを見失い、むなしい議論に迷い込み、律法の教師でありたいと望みながら、自分の言っていることも、確信をもって主張している事柄についても理解していません。」

違った教え

教会に「違った教え」が流行することがあるのは、現代の教会だけの経験ではありません。聖書を題材にしているし、聖書に言及してはいても、その内実が「果てしない作り話」であるような教えが横行することがあります。福音を本当には理解していない人々の「むなしい議論」が、教会を惑わせ、揺さぶることがあります。

テモテが監督牧会していたエペソの教会は、パウロが心配して警告していたとおりに、「人の悪巧みや人を欺く悪賢い策略から出た……教えの風に……吹き回されたり、もてあそばれたり」（エペソ四・一四）し始めていたようです。「違った教えを説く」は聖書でこの手紙だけに、そして二度しか用いられていない珍しい合成語ですが、その意味するところは明快です。「教える」という、教会における重要な働きを悪用して、ある人たちが真理の福音とは違った教えを説くことがあり、教会を惑わしてしまうことがあるということです。

教師として信頼されてきた人々が、しかも聖書を片手に教えるのですから、事は深刻です。その間違いを識別することは、そう簡単なことではありません。それが教会の外側から降りかかる福音に対する挑戦や、押し寄せる異教の教えであれば、それであることがわかりやすいし、より対処しやすいと言えるでしょう。しかし、内側に発生する「違った教え」はしばしば、その間違いが認識されないまま教会に長く横行して、大きな混乱をもたらすことがあります。結果として、異端の発生につながることもあります。歴史の教会が幾度も経験した混乱です。

「果てしない作り話と系図」が、当時のエペソで具体的にどのようなものであったか、十分な情報はありません。聖書から離れた作り話は、人々を惹きつけ、説得して果てしなく拡がっていきます。そもそもが作り話ですから、話者がどこまでも勝手に膨らませることができます。聖書の系図に言及することで、一見すると聖書に関係する話であるかのように見せかけて、その実、聖書の使信から離れた終わりのない論議に明け暮れるような教師らがいたのでしょう。

牧会の務め

パウロは、教会が健全に建て上げられることを願って、テモテに大切な務めを託しました。その一つを手紙の最初で思い出させています。それが、このような人々に対してきっぱりと命じるということです。「違った教えを説いたり、果てしない作り話と系図に心を寄せたりしないように」と。

これは、以前にテモテに伝えておいたことです。マケドニアに向かうときパウロが言い残したのは、「命じる」ためにエペソに「とどまる」ことでした。それをあえて繰り返し述べているのはなぜでしょうか。

この手紙を読むと、テモテが直面していた困難を想像することができます。教会に混乱が侵入し、監督牧師であるテモテに、いろいろな理由で抵抗してくる勢力があったのでしょう。困難が増幅することを心配して、そのような現場にとどまることは難しいとテモテが感じたとしても決して不思議ではありません。そのような状況を考えて、テモテを鼓舞することが、繰り返しの理由の一つだったと思われます。もう一つの理由として、この手紙をエペソの教会に対しても開示することで、テモテの働きがパウロの指示によるものであることを示して、テモテの務めを応援するためであったと考えることができるでしょう。

いずれにしても、エペソにとどまってなすべきことは、きっぱりと命じることでした。年の若い伝道者が自分より年長の教師たちに対して命令することは、勇気も能力も知恵も要することですが、パウロはそれを大切な任務としてテモテに託したのでした。

ここで短くテモテの人物像を紹介しておきます。「年が若いからといって、だれにも軽く見られないようにしなさい」（四・一二）とありますが、二十代の青年を思い描かないでください。テモテが聖書に最初に登場するのは使徒の働き一六章一節です。第二次伝道旅行に同行したこの時からすでに十五年ほどが経過しています。最初は若手の伝道者としてパウロに同伴して奉仕していました。ときにはパウロから離れて、パウロの代理として派遣されるようにもなりました。コリントへ、エルサレムへ、と。後にはローマの獄中のパウロを支えて、しばらくの時を共に過ごし、諸教会のために共に祈る奉仕にあずかりました。パウロは、諸教会に出かけて行く自由を制限された自分に代わってテモテを遣わしたいと考えました。それほどの深い信頼と期待を寄せていたのです。その後に実現した「第四次」伝道旅行の、さらにそのあとの手紙ですから、これを受け取っているころのテモテは、若くても三十代、それも後半であったかもしれません。

そうではあっても、四章一二節が示唆するのは、テモテよりも年長の人々が多数いたということです。年長の教師たちに対しても、はっきり命じる必要がありました。その理由が四節後半です。違った教えは論議を引き起こすだけで、「神に委ねられた信仰の務めを実現させること」にならないからです。間違えてはなりません。はっきり命じるのは、指導者としての威厳を保つためではありません。牧師のやりがいや充足感のためでもありません。むなしい議論が教会にあふれることがないように、「神に委ねられた信仰の務めを実現させること」を願うからです。

四節後半は、新改訳第三版のように「信仰による神の救いのご計画の実現をもたらす」ものではない、と訳す可能性もあります。新改訳2017は同様の理解を欄外注に別訳として示し、本文を「神に委ねられた信仰の務めを実現させる」としています。「計画」あるいは「務め」と訳されている語は、他の箇所で「管理」あるいは「実現」とも訳されています。信仰における「管理の務め」ということです。人間の計画を実現させようとするのでなく、神から託された務めの実現のために仕えるのが伝道者のあるべき姿です。

愛を目標として

さらに、五節でパウロは目標を確認します。「この命令が目指す目標は……愛です。」人に向かって強いことばを用いるときほど、それが愛を目標としているかどうかを確かめなければなりません。

いろいろな違った目標に置き換えてしまう危険が身近なものであることは、理解に難くありません。親切を装いながら、実際には非難や拒絶であるだけの強いことば、愛と言いながら、実際には自己正当化を目指し、自分のプライドを肥やすためのことば、そのようなものを警戒し、愛を目標としているかどうかを確認する必要があるのです。

どのようにして、そのように歩めるのか、パウロは三つのことばを用いて、愛の源泉を示しています。「きよい心」と「健全な良心」と「偽りのない信仰」から、それは生まれる、と。

「きよい」は、漠然とした一般的な意味で「よごれていない」、「清潔な」、「純真な」という意味ではなく、きわめて具体的に、律法の規定に照らして受け入れられる状態を表しています。「神の目から見て汚れがない」という意味です。「心」は、一時的な感情や精神作用のようなことを意味するだけでなく、人格の中心的な座をも指します。そうだとすると、いったいだれが「きよい心」をもつことができるのでしょう。神の基準で見て、汚れのない人格は、律法の行いにはよらず、信仰により、恵みとして与えられるものであることも覚えておきたいと思います。それが愛の源泉です。

「良心」については、ローマ人への手紙二章一五節に次のように教えられています。「彼らは、律法の命じる行いが自分の心に記されていることを示しています。彼らの良心も証ししていて、彼らの心の思いは互いに責め合ったり、また弁明し合ったりさえするのです。」

この前後の数節も参照すると、良心は生まれつきの人間だれにでも備わっている、と教えられていることがわかります。生来の良心を健全に機能させることが大切です。良心の機能を歪めようとする極端な状況があります。たとえば、戦争のような極限状況では、国家の論理や情報操作や集団心理が強力に働いて、良心を麻痺させようとすることがありま す。いや、もっと日常的なこともあります。環境問題や搾取や不正など、自分から積極的に、そして敏感になって情報に接していなければ、良心のアンテナに引っかかることさえないような課題が、私たちの周りにあふれています。買い物の仕方、生活の整え方に関わることにおいても、です。自分の置かれている環境の、そこだけの常識、その時代だけの基準に良心を歪められている、という自覚と恐れをもって生きていたいと思います。個人的なレベルでも、利益追求や快楽原理に陥って、良心の機能を自ら鈍化させてしまうのが、神の前に罪ある者として生まれたすべての人間の姿です。自分の罪の歪みのゆえであれ、環境の影響であれ、良心が十分に機能していない状況の中で、愛を目標として、真実な愛に到達することはきわめて困難、いや不可能であると言ってよいのです。神の助けが不可欠です。

そのため、三つめに「偽りのない信仰」が大切なのです。「偽りのない」という但し書きに特に注意したいと思います。私たちの信仰は偽善的なものに陥る危険があるからです。偽りで塗り固めた〝信仰〟からは、真実な愛は出てきません。主イエスが厳しいことばで指摘した偽善者のあり様を思い出します。「施しをするとき……人にほめてもらおうと会堂や通りで……自分の前でラッパを吹」くような姿（マタイ六・二）や、宗教行事に熱心でも「正義とあわれみと誠実をおろそかに」するような姿（同二三・二三）は、私たちにとって決して他人事ではありません。七節に描かれるようなあり様に陥ることがないように、偽りのない信仰を追い求めましょう。

「きよい心と健全な良心と偽りのない信仰から生まれる愛」を目標とする教導や訓戒であることを心がけたいと思います。牧師の務めにおいても、兄弟姉妹の交わりにおいても。

今日の課題として

歴史の教会に吹き荒れ、教会を混乱させた違った教えの風が、今も、私たちの教会の間にも吹き荒れていることを忘れてはなりません。聖書を題材にしているため、識別が困難な時もあるでしょうが、神が求める信仰の実現につながらない、むなしい議論には警戒しなければなりません。

キリスト教の「異端」は、いつも教会の内側から発生し、信頼されてきた教師たちによって始まる、と言ってよいでしょう。彼らは聖書と違うことを教え始め、聖書を読者の都合に合わせて歪めようとしたり、勝手な解釈を果てしなく拡げたりします。聖書に何かを付け加えようとしたり、そこから何かを取り除こうとしたりします。

私たちは聖書に関心を集中して、違った教えを識別することができるようにしたいと思います。教会に立てられた教師たちが、識別し教導する務めにおいて、良く機能すること

ができるように祈りましょう。そのようにして、健全な教会として建て上げられることを
願い求めましょう。

3　律法は良いものです

〈一・六～一一〉

「ある人たちはこれらのものを見失い、むなしい議論に迷い込み、律法の教師でありたいと望みながら、自分の言っていることも、確信をもって主張している事柄についても理解していません。

私たちは知っています。律法は、次のことを知っていて適切に用いるなら、良いものです。すなわち、律法は正しい人のためにあるのではなく、不法な者や不従順な者、不敬虔な者や罪深い者、汚れた者や俗悪な者、父を殺す者や母を殺す者、人を殺す者、淫らな者、男色をする者、人を誘拐する者、嘘をつく者、偽証する者のために、また、そのほかの健全な教えに反する行為のためにあるのです。祝福に満ちた神の、栄光の福音によれば、そうなのであって、私はその福音を委ねられたのです。」

ある人たちは……私たちは……

律法と福音という主題についてのパウロのことばを聞きます。そのために、段落の途中からになりますが、六節に戻って読み直そうと思います。

最初に注目したいのは、六節と八節の対比です。「ある人たちは」という六節と、「私たちは」という八節には、明らかな対比があります。八節を「しかし」と始める翻訳もあるように、そこには小さな接続詞が置かれています。

「ある人たち」は、七節のとおりで、「律法の教師でありたい」と望んでいます。それなのに、「自分の言っていることも、確信をもって主張している事柄についても理解していません」。見つめるべきゴールを見失い、違った教えを説くような誤りに陥り、かえって教会を混乱させる教師たちがいるという現実をパウロは指摘しています。

それに対して、「私たちは知っています」というのが八節です。この書き出しは少し特徴的です。普通の「知る」という動詞が「知識を得る」という意味で使われるのに対して、この箇所の「知っています」には、一般的な真理としてだれもが理解していることを、念を押して確認するような意味合いがあります。ちょうどよく似た形で次のように言われている箇所があります。

「私たちは知っています。律法が言うことはみな、律法の下にある者たちに対して語られているのです。それは、すべての口がふさがれて、全世界が神のさばきに服するためです。なぜなら、人はだれも、律法を行うことによっては神の前に義と認められないからです。律法を通して生じるのは罪の意識です」（ローマ三・一九～二〇）。

ある人たちは、見失い、迷い込み、理解していません。それに対して、私たちは知っています。このように対比したうえで、パウロが一般的な真理として語るのは、律法は良いものである、という確認です。

律法は……良いものです

「律法」という語は、ここではモーセ律法と理解してよいでしょう。「原理」（ローマ七・二一）と訳される場合もある語ですが、文脈を考え、九節以下の記事を踏まえると、モーセ律法のことです。それは「良いものです」とパウロは言います。律法は良いものであるという教えは、テモテを、そしてエペソの教会の人々を驚かせたでしょう。私たちにとっても同様だと思います。律法は良いものであるとパウロがどういう意味で書いたのか、注意して読み進めましょう。

すぐに但し書きをつけるようにして、ここでパウロの律法観が説明されます。但し書きの最初は「適切に用いるなら」です。「適切に」といっても、何が適切さの基準なのか、と戸惑ってしまいます。ここは原文に掛け詞のような面があって、それを理解することがこの戸惑いの解決への近道になるので、少しカタカナにお付き合いください。律法は「ノモス」というギリシア語で、「原理」や「規範」といった意味もある語です。「適切に」は「ノミモース」という語です。よく似ていますね。ノモスから派生したノミモースという語を使っていて、「律法は適切に用いるなら」を、「規範は規範に即して用いるなら」と読み解いてみましょう。適切さとは、規範に即していることであり、その限りにおいて、律法は良いものです、ということです。さらに言い換えて、即しているというのを本来の意図に即していているなら、とすることができます。そうです。律法は、その本来の意図に即して用いるなら、他の何かの原理で歪めることなく律法そのものにそって用いるなら、良いものなのです。

主イエスが「山上の説教」で教えたことを思い起こしましょう。マタイの福音書五章にある、「昔の人々に対して……と言われていたのを、あなたがたは聞いています。しかし、わたしはあなたがたに言います」と繰り返されるあの箇所です。律法を正しく理解せずに表面的な戒律にしてしまった当時の律法観を指摘して、主イエスは律法の真意を改めて教えられました。「わたしと父とは一つです」（ヨハネ一〇・三〇）と言うことのできるお方ですから、律法の真意を断定する権威をおもちです。

律法は適切に用いるなら、良いものです。

但し書きの続きは、「次のことを知っていて……用いるなら」です。まず律法は正しい人のためにあるのではない、とパウロは一行で言いきります。そして、だれの、何のためにあるのかについて、実に十四もの単語を畳みかけて示し、最後に「そのほかの健全な教えに反する行為のためにあるのです」と言って、念を押すのです。

それにしても、正しい人とはだれでしょうか。パウロはローマ人への手紙三章一〇節で旧約聖書を引いて、「義人はいない。一人もいない」と確認しました。そしてローマ人への手紙三章二一～二四節は次のように続きます。

「しかし今や、律法とは関わりなく、律法と預言者たちの書によって証しされて、神の義が示されました。すなわち、イエス・キリストを信じることによって、信じるすべての人に与えられる神の義です。そこに差別はありません。すべての人は罪を犯して、神の栄光を受けることができず、神の恵みにより、キリスト・イエスによる贖いを通して、価なに義と認められるからです。」

生まれながらに正しい人は一人もいません。イエス・キリストを信じて、新しく生まれ、神に義と認められた人だけが、正しい人と呼んでいただけます。律法は、正しい人、すなわちキリスト者のためにあるのではありません。義認の恵みにあずかっている者たちは、自らを戒律主義的な律法に縛りつけてはなりません。

律法は正しい人のためにあるのではなく、次のような者たちとその行為のためにある、ということで数えあげられたリストに目を移してみましょう。「不法な者」は「アノモス」という語の複数形で、先ほど紹介した掛け詞（ノモス、ノミモース）が続いています。「不従順な者、不敬虔な者や罪深い者、汚れた者や俗悪な者、父を殺す者や母を殺す者、人を殺す者、淫らな者、男色をする者、人を誘拐する者、嘘をつく者、偽証する者のため」です。律法が明白に禁じていることごとです。読んでそのとおりです。

十分な例示のようにも思いますが、パウロはさらに、「そのほかの健全な教えに反する行為のためにあるのです」と加えて念を押します。もしかしてだれかが、このリストに具体的に挙げられた行為には身に覚えがないから自分は大丈夫、律法は自分のためではない、などと言い逃れをすることがないように、「そのほかの」と言い添えているのです。行き届いた配慮といえば、そのとおりです。これらのことのために律法はあるのです。

もう一度、ローマ人への手紙から紹介します。「律法によらなければ、私は罪を知ることはなかったでしょう。実際、律法が『隣人のものを欲してはならない』と言わなければ、私は欲望を知らなかったでしょう」(七・七後半)。「ですから、律法は聖なるものです。また戒めも聖なるものであり、正しく、また良いものです」(同一二節)。

「福音」に生きる

以上のくだりの背景には、パウロに対する非難があったのかもしれません。ユダヤ人なのに律法を無視しているとか、しかもパリサイ派に属していたのに律法を否定している、といった非難です。パウロは、律法を無視したり否定したりしているのではなくて、律法の本来の意味を知らされた者として律法は良いものであると述べています。

そして、さらに良いのは福音です。

パウロは、一連の議論の拠りどころを福音に置きます。「祝福に満ちた神の、栄光の福音によれば」そのように言える、と。人が考え出した作り話ではありません。福音とは

「神の」福音であり、その神は祝福に満ちた、幸いのあふれるお方です。「祝福に満ちた」とありますが、パウロは六章一五節でも同じことばを用いて、「キリストの現れを、定められた時にもたらしてくださる、祝福に満ちた唯一の主権者、王の王、主の主」なる神に賛美をささげています。ここにはパウロの神観がほとばしり出ています。また、この福音は「栄光の福音」であるということです。神の栄光が、福音において輝いている、というイメージでしょうか。私たちは、神の栄光を直接に見ることは今はできませんが、福音の素晴らしさの中に神の栄光を垣間見るような思いがするのは確かです。この福音をパウロは委ねられたのです。

もう一か所、コリント人への手紙第二、四章五～七節のパウロのことばを聞きましょう。

「私たちは自分自身を宣べ伝えているのではなく、主なるイエス・キリストを宣べ伝えています。私たち自身は、イエスのためにあなたがたに仕えるしもべなのです。『闇の中から光が輝き出よ』と言われた神が、キリストの御顔にある神の栄光を知る知識を輝かせるために、私たちの心を照らしてくださったのです。私たちは、この宝を土の器の中に入れています。それは、この測り知れない力が神のものであって、私たちから出たものではないことが明らかになるためです。」

パウロだけでなく、いにしえの聖徒たちだけでなく、私たちもまた貧しく脆(もろ)い土の器の中に、神の栄光を知る知識の輝きを入れていただいています。私たちは、律法に助けられて神の基準を理解し、自分の罪を知りました。罪人であることを認めて、神の救いを受け入れて、義とされて生きる幸いを得ました。恵みの福音に生かされていることを感謝して、ますます輝いて歩ませていただきましょう。そしてその輝きが私たちの周りの人々にも届くことを祈りたいと思います。

4　驚くべきあわれみ、あふれる恵み

〈一・一二〜一四〉

「私は、私を強くしてくださる、私たちの主キリスト・イエスに感謝しています。キリストは私を忠実な者と認めて、この務めに任命してくださったからです。私は以前には、神を冒瀆する者、迫害する者、暴力をふるう者でした。しかし、信じていないときに知らないでしたことだったので、あわれみを受けました。私たちの主の恵みは、キリスト・イエスにある信仰と愛とともに満ちあふれました。」

感謝しています

テモテを教え、励ますトーンで始まった手紙の流れが、一二節で一度中断されます。そして神への感謝の告白と賛美が展開して、一七節まで続きます。パウロの手紙は、神への感謝や賛美から始まることが多いのですが、テモテへのこの手紙の場合は、テモテへの励

ましから始まっています。しかし、一一節で「祝福に満ちた神の、栄光の福音」と口にしたパウロは、いわば一般論で神に言及してすませることができなくて、神との個人的な関係を口にせずにはいられなかったようです。この神が、私パウロにとってどのようなお方であるか、私はこのお方に何をしていただいたのか、そのことを告白して、感謝と賛美をささげています。パウロを導く御霊は、こんなふうにパウロの感動から思いが拡がり、論が拡がるようにしておられるのです。

「感謝」という語から始めて、パウロはその感謝の向かう先を「私を強くしてくださる」方、「キリスト・イエス」、「私たちの主」と記しています。

まず「私を強くしてくださる方」について見てみましょう。パウロの伝道者としての力強い生涯は、テモテも私たち聖書の読者もよく知るところですが、パウロは、自分の力の源泉が神にあることを忘れませんでした。ご承知のように、人間的な能力や資源に訴えて自分の強さを誇示しようとすれば、パウロには人一倍その可能性がありました。ピリピ人への手紙三章では、「ただし、私には、肉においても頼れるところがあります。ほかのだれかが肉に頼れると思うなら、私はそれ以上です」（四節）と語って、具体的にいくつものことを数えあげ、「しかし私は、自分にとって得であったこのようなすべてのものを、キリストのゆえに損と思うようになりました。それどころか、私の主であるキリスト・イエスを知っていることのすばらしさのゆえに、私はすべてを損と思っています。私はキリストのゆえにすべてを失いましたが、それらはちりあくただと考えています」(七〜八節)と言っています。生まれや育ち、教育や熱意、実績や人々の称賛、それらは世間では大切にされるでしょうが、神の前では何の役にも立たないというのです。

パウロは、ダマスコへの道でよみがえりの主に出会いました。地に倒れ、目も見えない、というとても無力な状態を経験させられました。そして、そこから立ち上がらせてくださる神の力を体験しました。自分を「強くしてくださる方」――「強くしてくださった方」と訳すことも可能ですが――に、彼は感謝しているのです。

その方は「キリスト・イエス」です。パウロは、「イエス・キリスト」という語順よりむしろこちらを多用します。この手紙でも最初の二節で三回用いており、このあとも一章一五節、一六節、二章五節と続いて、全部で十二回もあります。ちなみに、福音書はもっぱら「イエス・キリスト」という語順を用いています。この二つのことばをあえて区別するとすれば、人として歩まれたイエスが実はキリスト、すなわち神に油を注がれた救い主であるという事実を明らかにしていく福音書の記事に対して、十字架と復活をもって神の救いの計画を完成してくださったキリストに対する信仰告白を含めた呼び方が「キリスト・イエス」という語順であると言ってよいでしょう。

そして「私たちの主」です。この自覚も大切です。イエス・キリストに出会い、キリストの福音を信じて、新しくされた者にとって、イエスは救い主であると同時に「主」です。あるじです。主権者です。

キリストを「友」と呼ばせていただくことも間違いではありません（ヨハネ一五・一五）が、それによって、キリストが自分の主人であるという自覚を希薄にしてしまわないように気をつけなければなりません。私たちが「主イエス・キリスト」と口にするとき、そこには、イエス様がキリスト、すなわち救い主であり、イエス様が主、主権者である、という告白が込められていることを意識しなければいけません。また「私たちの」主であるという自覚も大切です。私の、私が、私を、と自分のことばかりに関心の向かう個人主義的な信仰は警戒しなければなりません。

一二節後半は感謝の理由です。「私を忠実な者と認めて、この務めに任命してくださったからです。」この驚きをパウロは生涯手放しませんでした。伝道者としてどれだけ活躍しても、人々から偉大な指導者として称賛されることがあったとしても、こんな自分にキリストが務めを託してくださったという事実から目を放すことがありませんでした。キリストが務めに任じるほどに自分を忠実な者と認めてくださった、という事実に感動し続けているのです。

あわれみを受けました

一三節で告白しているとおり、パウロは「以前には、神を冒瀆する者、迫害する者、暴力をふるう者」でした。パリサイ派の若手リーダーとして、キリスト信仰を異端視し、キリスト者を迫害していました。力ずくで彼らをイエス信仰から離れさせようとして熱心に働いていました。全くの考え違いに基づいて、人一倍熱心に神を冒瀆して生きていました。「罪人のかしら」（一五節）と、後に自分のことを呼ぶほどの人間でした。そうしたパウロがあわれみを受けたのです。

「あわれみ」については、一章二節で先述しました。「神の選びに発する契約の愛であり、その確かな現れのことです。人間の側の努力や可能性によるのではありません。神の一方的な御愛です」（二二頁）ということでした。「信じていないときに知らないでしたことだった」とはいえ、神がパウロを選び、愛して、回心へと導き、この務めにまで任命されました。人間の基準では到底説明のつかない、神の一方的なみわざに驚かされます。「あわれみ」という一語の奥行きの深さを心に刻みたいと思います。

パウロは最晩年になっても、このとおり、救いにあずかる前の自分のことを忘れませんでした。神のあわれみを忘れませんでした。そして、感謝を忘れませんでした。

　はたして私たちはどうでしょうか。あわれみを受けて福音を信じたあの日、言い知れぬ深い感謝にあふれ、喜びと賛美の人生を歩み始めたのではないでしょうか。あれから何年も、何十年も経って、今はどうでしょうか。いつしか、自分の以前のあり様を忘れてしまい、自分がどこから救い出されたのかを忘れてしまってはいないでしょうか。全面的に神のあわれみである、と告白していた歩みが、いつのまにか自分を誇り、まるで自分の力で今の幸いを獲得して生きているかのような考え違いに陥っていることはないでしょうか。神への感謝が薄れ、賛美が遠のき、もっとあれも、もっとこれもと要求ばかりしているような生活に陥っていないでしょうか。主に私たちのまなざしを整えていただく必要を覚えます。

　この事実を見失うときに、私たちは平気で「怒ったり言い争ったり」（二・八）するのでしょう。「高慢」（三・六）に陥ったり、四章で警告されているようなあり様に近づいてしまったりします。「こんな私があわれみを受けたのです。あわれみに生かされているのです」という告白に立ち続けたいと思います。

恵みが満ちあふれたのです

パウロは一四節で、「私たちの主」という表現をもう一度用いて、恵みが「キリスト・イエスにある信仰と愛とともに満ちあふれました」と続けます。読んでこのまま受けとめてもよいのですが、背後に隠れているいくつかの情報を少し確認すると、パウロの思いをさらによく知ることできるでしょう。

まず、「恵み」が、実は一二節の「感謝」と同じ単語であるということです。また、その語源には「喜び」という語があると考えられます。そうしてみると、喜びをもたらす良いもの・恵み、と、良いものによってもたらされた喜び・感謝が、同じ語であるのは、理解できます。一二節で、「私は……感謝しています」と始まった小さな段落が、一四節でこの「恵みは……満ちあふれました」となって、感謝が増幅する上向循環のような感じを受けます。恵みと感謝の循環の行き着く先に、永遠のいのちを見ます。ローマ人への手紙に次のようにあるからです。

「律法が入って来たのは、違反が増し加わるためでした。しかし、罪の増し加わるところに、恵みも満ちあふれました。それは、罪が死によって支配したように、恵みもまた義によって支配して、私たちの主イエス・キリストにより永遠のいのちに導くためなのです」（五・二〇～二一）。

　これは、テモテへの手紙第一のこの段落の思想と共鳴しているように感じます。パウロを強くしてくださり、パウロにあわれみを賜ったこの恵みは満ちあふれたのです。

　次に、「満ちあふれる」という語がここに一度だけ用いられる孤語であるということです。「満ちる」や「あふれる」は珍しい語ではありませんが、この箇所では、強調された合成語が用いられているのです。先のローマ人への手紙五章二〇節の「満ちあふれる」も似ていて、類義語の、強調された珍しい合成語です。いずれの場合も、パウロはこの恵みの豊かさを、特に強調して伝えたかったのでしょう。

　もう一つ、「恵み」が、信仰と愛とともに用いられていることにも注目したいと思います。一三節で用いた「神を冒瀆する者、迫害する者、暴力をふるう者」という三つの表現と響き合っているかのようです。以前は1、2、3とこのような者でした、と三つの表現を用い、しかし、あわれみを受けて、1恵みが、2信仰と、3愛とともに満ちあふれました、と三つになっています。冒瀆に恵み、迫害に信仰というような一対一の関係ではないとしても、以前の三つを打ち消し、それらを凌駕する、あふれる恵みをパウロは語りたかったのでしょう。

恵みは神から与えられるもの、信仰と愛は人がもつもの、という性質の違いはありますが、それでも、信仰も愛も神が与えてくださって、人が保持することができるものですから、本質的には神から与えられるものに違いありません。三重の表現を用いて、パウロはあふれる恵みを強調したのです。

あわれみを受け、恵みに生かされている私たち

驚くべきあわれみを受け、満ちあふれる恵みに生かされていることは、私たちも同様です。信じていなかった日々には、私たちは罪人そのものでした。根本的な方向性から性質から、実際の思いもことばも行いも、隅から隅まで罪人でした。それが一方的な神のあわれみにあずかったのです。そして一方的な恵みに生かされているのです。

私たちはその事実をいつもわきまえていたいと思います。そうであるならば神への感謝が口をついて出てくるでしょうし、神への賛美があふれてくるでしょう。この箇所のパウロのように。

5 キリスト・イエスは罪人を救う

〈一・一五〜一七〉

「『キリスト・イエスは罪人を救うために世に来られた』ということばは真実であり、そのまま受け入れるに値するものです。私はその罪人のかしらです。しかし、私はあわれみを受けました。それは、キリスト・イエスがこの上ない寛容をまず私に示し、私を、ご自分を信じて永遠のいのちを得ることになる人々の先例にするためでした。どうか、世々の王、すなわち、朽ちることなく、目に見えない唯一の神に、誉れと栄光が世々限りなくありますように。アーメン。」

キリスト・イエスは罪人を救うために世に来られた

この「ことばは真実です」という表現は、牧会書簡に五回用いられています。その直前か直後に出てくる「ことば」の真実性、信頼性を承認する定形表現です。その前後の「ことば」自体は、パウロ自身のことばかもしれませんし、そうでない可能性もあります。この箇所でいえば、「キリスト・イエスは罪人を救うために世に来られた」というのがパウロの発したことばなのか、それとも福音書記者を通して当時の教会で共有されていた「ことば」なのかは定かでありません。いずれにしても、パウロがあえてこのように定形表現を用いてこれを承認することで、この「ことば」は際立って印象深くテモテに迫り、私たちに迫ってきます。真実であり、そのまま受け入れるに値するものなのです。

それゆえ、キリストが世に来られた目的について、人が異論を唱えることは許されません。また、キリストがだれのために来られたのか、その祝福の及ぶ範囲を人間が制限してはなりません。たとえば、善人なら救われるとか、能力のある人なら救われるとか、と。神の真実なことばが宣言するそのままを受け入れなければなりません。「キリスト・イエスは罪人を救うために世に来られた」と。

キリストは罪人を救う

この「罪人」とは、だれのことでしょうか。以前のパウロがそうであった「神を冒瀆する者、迫害する者、暴力をふるう者」(一三節)が罪人であることは確かです。しかし、これらのあり様は、実は私のことであり、あなたのことでもあります。生まれながらの人間はみな、自分ではそう考えていないとしても、確かに神を冒瀆する者です。パウロはこう書きました。

「神について知りうることは、彼らの間で明らかです。神が彼らに明らかにされたのです。神の、目に見えない性質、すなわち神の永遠の力と神性は、世界が創造されたときから被造物を通して知られ、はっきりと認められるので、彼らに弁解の余地はありません。彼らは神を知っていながら、神を神としてあがめず、感謝もせず、かえってその思いはむなしくなり、その鈍い心は暗くなったのです」（ローマ一・一九～二一）。

人は被造物を通して神を知ることができるように造られています。それなのに、神を神としてあがめず、感謝もせず、偶像を造り、偶像に仕えているとすれば、それは確かに神に対する冒瀆です。永遠の、唯一の神の基準を捨てて、人間の、その時その時の、自分に都合の良い基準を正当化して生きるのは、神への冒瀆にほかなりません。

「迫害する者、暴力をふるう者」と続く表現も、同じように考えてみてください。腕力に訴えて、という迫害や暴力に加担したことはないかもしれません。けれども、ことばで暴力をふるったことはないでしょうか。あるいは無言という暴力で人を圧迫したり操ろうとしたりしたことはないでしょうか。とすれば、私たちも暴力をふるう者ではないでしょうか。さらに言えば、心の内側に燃えさかる怒りや憎しみ、ねたみや誇りも、神の前では同じことです。ことばや行動に現れてしまわないように必死に制御しているとしても、神の目から見れば、同じような暴力でしょう。

私たちは、聖書が言うとおり、例外なく罪人です。

「すべての人は罪を犯して、神の栄光を受けることができず、神の恵みにより、キリスト・イエスによる贖いを通して、価なしに義と認められるからです」（ローマ三・二三〜二四）。

では、罪人はどのようにして救われるのでしょうか。キリストが来て、「宥めのささげ物」（同二五節）となり、私たちを贖ってくださったことによってです。人は自分で自分の罪のためにいくらかの宥めをすることができるでしょう。旧約聖書には、罪を犯した人が償いをし、神に赦しを求める道が示されていました。それが律法の一つの役割です。けれども、律法の要求を全うできる人はだれもいません。むしろ律法にまっすぐ向き合えば向き合うほど、罪の意識に直面させられます。それも律法の大切な役割です。そのようにして、人は罪を知り、自分が罪人であることがわかるのです。

自分の努力や功績で神の怒りを宥めることはできない私たち人間のために、神は、御子イエス・キリストを遣わして、十字架の上で宥めのささげ物としてくださいました。キリストは私たちの代わりに、十字架の死を引き受けてくださいました。今やキリストによる完全な宥めがなされたので、人はただ信じるだけでイエス・キリストの贖いの恵みにあずかり、救われるのです。ローマ人への手紙の今の箇所の前後も、あとでぜひ読んでみてください。

もう一つのことを考えておきましょう。どんな罪人でも救われるのでしょうか。聖書の答えは明快な「はい」です。私たちは、そう答えることにためらいを覚えることがあるかもしれません。どんな罪人でも、とまでは言いきれない、あるいは言ってはいけないように感じる場合があるかもしれません。たとえば、犯罪の方法や結果があまりにも悲惨なとき、罪人の動機や態度があまりにも非道に感じられるときには、どうでしょうか。どんな罪人でも救われる、と迷いなく断定できるでしょうか。あるいは、自分が直接の被害者である場合はどうでしょうか。加害者の罪について考えるとき、あんな人が救われるはずがない、と思ったり、救われてほしくないとまで願ったりするかもしれません。

私たちの考えや判断は罪の影響を免れません。それゆえ、自立自存である神のお考えを完全に知ることはできません。「罪人を救う」と、創造主であり主権者である神がお決めになるなら、被造物である人間の考えや判断がそれを覆すことはできません。

旧約聖書の預言者ヨナのことを思い起こします。「敵国の都ニネベに行くように」とおっしゃる主の御顔を避けて、タルシシュへと逃げて行きました。結果として、暴風の海に投げ込まれ、主の備えた大魚の腹で三日三晩を過ごし、悔い改めて、救われます。主は再びヨナに語りかけ、ヨナは、今度はニネベに出かけました。逃げ出した預言者を救い出し、もう一度務めに任じてくださる神のあわれみを知らされます。お話はまだ続きます。ニネベの王も十二万人以上の民もみな悔い改めて神を信じたのです。それで神はニネベをさばきから救われます。これも神の大きなあわれみです。さらに続きがあります。ヨナが神のニネベに対する処遇を不愉快に思い、死んだほうがましだとまで言い出します。神に対して怒り、勝手な言い分を繰り広げるヨナを、神は懇ろに取り扱って、なお救い、またご自分の考え、あわれみを教えてくださいます。

短い預言書ですが、神のあわれみに驚かされます。ヨナ書もこの機会に読み直してみてください。

ともかく、聖書の答えは明快で「はい」、どんな罪人でも救われる、ということです。もとより、救いは人間の功績ではありません。神が用意して、神が差し出してくださるものです。神がだれを救ってくださるかについて人間が意見する余地はありません。

「もしあなたの口でイエスを主と告白し、あなたの心で神はイエスを死者の中からよみがえらせたと信じるなら、あなたは救われるからです。人は心に信じて義と認められ、口で告白して救われるのです」（ローマ一〇・九〜一〇）。

罪人のかしら・あわれみの先例

パウロは自分を「罪人のかしら」と呼ぶことをためらいませんでした。この「かしら」とは、「第一人者」、「最たる者」という意味です。かつて周囲の人々は、パウロのことをパリサイ派の若手の第一人者と評価していました。自分でもそう考えていたことでしょう。それが、キリストに出会って、自分は「罪人のかしら」であると考えるようになりました。そんな自分があわれみを受けたのは、「キリスト・イエスがこの上ない寛容をまず私に示し、私を、ご自分を信じて永遠のいのちを得ることになる人々の先例にするため」だったとパウロは理解しています。この私、パウロのような者をまず救ってくださったとすれば、どんな罪人でも救ってくださると確信できるというわけです。

だれでも、ただ信じるだけで、神の救いをいただくことができます。繰り返しますが、恵みの贈り物であって、行いによるのではありません。

神への賛美

この神を、パウロはほめたたえます。地上のひとときの栄華を誇る王たちとは違って、神はどの世々においても王であり、永遠に王です。「朽ちることなく」、「目に見えない」と、パウロはことばを重ねて神の素晴らしさを告白します。地上の王たちや地上の偶像の神々のことをどこかで意識しながらなのでしょう。次々に代替わりしながら、ときには「救い主」を自称する王たちも、折々に盛り上がる偶像礼拝の流行も、まことの神に並べて、あれかこれかと考えるようなことではありません。「唯一の」神を、私たちは救い主として感謝し、あがめるのです。

最後に、この箇所の段落が、一二節で主キリスト・イエスへの感謝から始まり、一七節で神への賛美で結ばれていることにも目を留めておきましょう。そして、「誉れと栄光が世々限りなくありますように」と、神にだけ帰されるべき賛美を、私たちも心から、主におささげしたいと思います。救われて、私は良かったというだけの人生に満足するようなことなく、感謝にあふれ、神をほめたたえ、神に栄光を帰する日々を歩ませていただきましょう。

6　立派に戦い抜く

〈一・一八～二〇〉

「私の子テモテよ。以前あなたについてなされた預言にしたがって、私はあなたにこの命令を委ねます。それは、あなたがあの預言によって、信仰と健全な良心を保ち、立派に戦い抜くためです。ある人たちは健全な良心を捨てて、信仰の破船にあいました。その中には、ヒメナイとアレクサンドロがいます。私は、神を冒瀆してはならないことを学ばせるため、彼らをサタンに引き渡しました。」

テモテに対するパウロの親愛と信頼を、「私の子」という呼びかけにも読み取ることができます。この章で二節と一八節に、そしてテモテへの手紙第二の一章二節と二章一節でも繰り返されます。出会いから十数年でしょうか、大切に育ててきた愛弟子です。そのテモテを教え励ます手紙を書いているわけですが、パウロは改めてその目的を示します。

目的——立派に戦い抜くこと

それは、テモテが「立派に戦い抜く」ことです。新改訳第三版の訳は「勇敢に戦い抜く」でした。直訳すると、「良い戦いを戦い続ける」ということです。実際、テモテへの手紙第二、四章七節には「勇敢に」という訳語の新改訳2017の欄外注に、直訳「良い戦いを」と紹介されています。これら三つの訳語を足して三で割るように理解してみてください。「立派に、勇敢に、良い戦いを戦い抜く」ということです。

テモテは、エペソの教会の内外に山積する困難に直面していました。気落ちしそうになる危険や、恐れて退こうとする誘惑があっても不思議ではなかったでしょう。そんなテモテを励まし教える手紙ですが、パウロの願いは、テモテが「良い戦いを戦い続ける」ことでした。言うまでもなく、神の目から見て良い戦い、ということです。神がご覧になって、「立派だ、勇敢だ」と言ってくださるような奉仕をするように励ましたいと願ったのです。

「この命令」とは、これまで一章で命じてきたことであり、このあと命じることごとも含めて、手紙の全体を指していると考えてよいでしょう。

根拠――神の召し

順風の中で務めを果たしている人を励ますのは容易なことでしょう。逆風の中にある奉仕者を励ますことは非常に難しく感じられることがあります。ここまで読んできた第一章から読み取れるように、テモテの直面していた現実はとても厳しいものでした。反対者がおり、教会に惑わしが侵入し、「健全な良心を捨て」る人たちまで出てきていたからです。困難な現実に直面している時だからこそ、パウロはテモテに対する励ましや命令の根拠を明らかに示しています。それは神の召しです。テモテの意欲や熱心ではなく、パウロの付託や信頼ではありません。少し語弊をはらみますが、教会の期待や信任でもない、と言えるでしょう。

パウロがテモテに対して命じる根拠は、神の召しです。テモテについて以前なされた「預言」が具体的に、いつ、だれによってなされたのか、どのような内容のものであるのかを特定することは、私たちにはできそうにありません。けれども、パウロとテモテの間では「あの預言」と言えば双方がわかる、神の意志の啓示の出来事があったのです。二人はそれを神の召しと理解して、受けとめています。パウロは、過去の恩義に訴えてテモテに命じるのでありません。テモテが指導を仰ぐから、というのでもありません。神がテモテに対する神のみこころを明らかに示されたその預言を確かな根拠として命じているのです。

実際――信仰と健全な良心を保持して

一八節の「信仰と健全な良心を保ち」は本来一九節に属することばですが、翻訳の都合上、適切にもこのようになっています。「立派に戦い抜く」その具体的なあり様を示しています。これらの表現は、先立って、テモテの奉仕の目標が愛であり、その源泉が「きよい心と健全な良心と偽りのない信仰」であると教えられていた五節を思い起こさせます。

立派な戦いの姿の一つは、信仰を保つことです。いかにも当たり前のことのように聞こえます。けれども、キリストを信じる信仰を手放すように脅されることがありますし、そのほうが楽であるかのような考えにだまされそうになることもあるでしょう。信仰は神が与えてくださったものであり、神が支えていてくださるものですが、信仰者それぞれがこれを保つことが、握り続けることが、良い戦いなのです。

もう一つは、健全な良心を保つことです。五節にそっくりな表現がありました。良心は、神によって人間に備えられている生来の機能です。それが、この世の様々な力学によって不健全に歪められてしまっていました。キリストを信じて新生した者は、良心も刷新されていますから、よく見張って、これを健全に保ちたいと思います。

「健全な」は、「立派な」とは別の、もう一つの「良い」という語で、テモテへの手紙第二、三章一七節で「良い働き」と訳されています。三章一六節からの続きで、聖書が神の人を良い働きにふさわしく整える、と教えられています。刷新された良心を見張るその視座は聖書であり、良心を健全に保つその力は聖書にあることがわかります。

召しに応えて生きる

ここで私たちのことを考えてみましょう。一八節に示されている原理は、テモテに対する神のみこころであると同時に、キリスト者一人ひとりにとっても真理です。世にある信仰者の歩みには、いつも戦いがあります。神の目から見て良い戦いを戦い続けることは、私たちの願いです。信仰と健全な良心を保持して歩んで行きたいと思います。

そのように願う私たちは今、自分の召しのことを考えたいのです。召しというと、いわゆる直接献身の召し、伝道者生涯への召命のことを考えることが多いかもしれません。ここまで使ってきた「召し」ということばも、そうした意味合いでした。しかし同時に、広い意味での召しのことも忘れてはなりません。パウロはローマ人への手紙でこう呼びかけています。

「その異邦人たちの中にあって、あなたがたも召されてイエス・キリストのものとなりました――ローマにいるすべての、神に愛され、召された聖徒たちへ」(一・六～七前半)。

また、八章にはこうあります。

「神を愛する人たち、すなわち、神のご計画にしたがって召された人たちのためには、すべてのことがともに働いて益となることを、私たちは知っています。神は、あらかじめ知っている人たちを、御子のかたちと同じ姿にあらかじめ定められたのです。それは、多くの兄弟たちの中で御子が長子となるためです。神は、あらかじめ定めた人たちをさらに召し、召した人たちをさらに義と認め、義と認めた人たちにはさらに栄光をお与えになりました」(二八～三〇節)。

キリスト者はみな、神に召されて、呼び出されて神のものとされました。召された一人ひとりについて、神はご計画をおもちです。それを見分けることができるように、とパウロは励まします。

「この世と調子を合わせてはいけません。むしろ、心を新たにすることで、自分を変えていただきなさい。そうすれば、神のみこころは何か、すなわち、何が良いことで、神に喜ばれ、完全であるのかを見分けるようになります」(同一二・二)。

そうです。私たちは一人ひとり、自分に対する神の召しを自覚し、自分に対する神のみこころが何であるかを知る必要があります。世にあって困難に直面していても、立派に戦い抜くことができる根拠は、私たちにとっても神の召しなのです。

今日、「あの預言」は、聖書のみことばを通して示される神のみこころ、と理解してよいでしょう。皆さんの中にも、特定のみことばから、神のみこころを示されて、それを拠りどころに立派に戦っている方々がおられます。いくつもの聖書の箇所を思い出させられて、みこころを受けとめることもあるでしょう。神の召しに心を留めましょう。直接献身のことだけではありません。キリスト者一人ひとりに対して明らかにされる神のみこころのことです。聖書を通して語り、聖書によって私たちを整えてくださる神に感謝しましょう。

教会戒規とその目的

次に一九節と二〇節に目を移し、教会戒規についても教えられたいと思います。

残念なことですが、キリスト者が健全な良心を捨てることがあるという現実を、私たちは直視しなければなりません。「信仰の破船」という比喩はわかりやすく、現実的なものです。人生を船旅にたとえて、嵐があり、難破しそうになることもあるという感覚は、だれもが理解できるでしょう。

その実例として、パウロは、ヒメナイとアレクサンドロの二人を挙げています。何があったのか具体的に述べられていませんが、その事情は教会によく知られていたことなのでしょう。このヒメナイがテモテへの手紙第二のヒメナイと同じ人物であれば、「彼らの中に、ヒメナイとピレトがいます。彼らは真理から外れてしまい、復活はすでに起こったと言って、ある人たちの信仰をくつがえしています」（二・一七後半〜一八）という事情のようです。

彼らのことを「サタンに引き渡す」とは、とても強烈な表現に感じられます。これは注意して理解したいと思います。

まず、「何々ではない」と述べておきましょう。これは、救いを失って、永遠のさばきに定められた、と宣告しているのではありません。パウロにそんな権限がないことは、彼だけでなく私たちもわかっているはずです。それでは、これはどういう意味なのでしょうか。同じ表現がコリント人への手紙第一にあるので、参照しましょう。

「現に聞くところによれば、あなたがたの間には淫らな行いがあり、しかもそれは、異邦人の間にもないほどの淫らな行いで、父の妻を妻にしている者がいるとのことです。それなのに、あなたがたは思い上がっています。むしろ、悲しんで、そのような行いをしている者を、自分たちの中から取り除くべきではなかったのですか。私は、からだは離れていても霊においてはそこにいて、実際にそこにいる者のように、そのような行いをした者をすでにさばきました。すなわち、あなたがたと、私の霊が、私たちの主イエスの名によって、しかも私たちの主イエスの御力とともに集まり、そのような者を、その肉が滅ぼされるようにサタンに引き渡したのです。それによって彼の霊が主の日に救われるためです」（五・一～五）。

悔い改めなしに継続される明らかな罪が問題になっています。それで「彼の霊が主の日に救われるため」に、「その肉が滅ぼされるようにサタンに引き渡した」とあります。目的は救いです。永遠のさばきへと引き渡した、というのではありません。他の箇所で教えられていることも総合して、「サタンに引き渡す」とは、教会の交わりから除外して、サタンの支配しているこの世に置くことであると理解できるでしょう。そこでうめき、傷つき、罪の凶暴さに気づき、その中で、後悔と認罪に導かれ、悔い改めに導かれることを願ってのことです。

代々の教会は、教会戒規の理解と実践において、これを行ってきました。宗教改革においても、戒規は教会のしるしの一つに数えられて重視されました。しかし、現代の教会では軽視される傾向が強いように思います。戒規の目的を見誤ってしまっているからでしょうか。それは懲らしめや見せしめではなく、回復のためのものです。悔い改めと回復、救いの喜びの回復を目的とする戒規が、教会を健全に建て上げるために用いられることを願います。

7　すべての人の、唯一の救い主

〈二・一～七〉

「そこで、私は何よりもまず勧めます。すべての人のために、王たちと高い地位にあるすべての人のために願い、祈り、とりなし、感謝をささげなさい。それは、私たちがいつも敬虔で品位を保ち、平安で落ち着いた生活を送るためです。そのような祈りは、私たちの救い主である神の御前において良いことであり、喜ばれることです。神は、すべての人が救われて、真理を知るようになることを望んでおられます。神は唯一です。神と人との間の仲介者も唯一であり、それは人としてのキリスト・イエスです。キリストは、すべての人の贖いの代価として、ご自分を与えてくださいました。これは、定められた時になされた証しです。その証しのために、私は宣教者、使徒、そして、信仰と真理を異邦人に教える教師に任命されました。私は真実を言っていて、偽ってはいません。」

手紙の第一章は、書き始めの三～五節の思想を、一八節に至って繰り返すかのようにして、念を押して結ばれます。また一九～二〇節には付記のような面がありますので、二章の最初の「そこで」は、一章一二～一七節を受けていると考えるのがよいでしょう。神のあわれみ、神の恵みがパウロという先例の上に豊かに示されているという事実に基づいて、「そこで」と具体的な勧告が始まります。

何よりもまず――祈りの重要性

「何よりもまず」は、時間的な意味ですべてに先立って、と解すれば新改訳第三版のように「まず初めに」となり、質的な面を強調して、「すべてに先立って」と解すれば新改訳2017のように「何よりもまず」と訳すことになります。いずれにしても、これから語ることがたいへん重要であることを強調してパウロは勧告を始めます。

「勧める」と訳されている語は、パウロ書簡の中だけでも「願う」「頼む」「言う」「懇願する」などと、勧める相手との関係や、勧めの内容に応じて、いくつかに訳し分けられています。この一節の勧めはだれに対してのものなのかがはっきり言われていません。しかし、一章がずっとテモテに対する語りかけであったことと、続く内容の面からしても、第一義的にはテモテに対するものと考えてよいでしょう。ただし、エペソの教会の牧会指導に関わる文脈での勧告であり、また二章八節以下で教会の人たちの祈りについて教え始めることも考え合わせると、テモテに対すると同時に、テモテの牧会指導を通して教会もこのような祈りに導かれることを期待している勧めであると受けとめられるでしょう。

視野を拡げて

勧めの内容は、「願い、祈り、とりなし、感謝」をささげることです。テンポよく四つの語が続きます。これらの語を一つ一つ厳密に区別して、願いとは、祈りとは、と検討することは、パウロの意図から逸れることになるでしょう。というのも、意味の重なるところがある四つの語だからです。それぞれの語に特別の具体的な意味を託して四つの種類の祈りを教えたと見るのでなく、むしろ、祈りの内容の拡がりを意識させたかったと理解したらよいでしょう。

そのように理解したうえで、なおこれらの語彙のそれぞれについて、少しだけコメントしてみます。「願い」は、他の箇所では「祈り」と訳されるほうが多い単語で、自分の必要を率直に神に申し上げることです。「祈り」は一番よく使われる語で、そのまま理解しましょう。「とりなし」は神に訴えかけることですが、四章五節では「祈り」と訳されています。「感謝」もそのまま理解できます。このように、これら四つは意味の重なり合う語であることがわかります。ですから、ここでは、はっきり区別された四つの種類の祈りを教えているというのではなく、祈りの内容の拡がりを強調していると理解したいのです。

ピリピ人への手紙四章六節にも、似たようなわかりやすい例があります。

「何も思い煩わないで、あらゆる場合に、感謝をもってささげる祈りと願いによって、あなたがたの願い事を神に知っていただきなさい。」

テモテにも、エペソの教会のキリスト者にも、そして私たちにも、祈りが次第に偏っていってしまうことがあります。願いばかりで、神に感謝する祈りが貧しかったり、他の人々のためのとりなしには熱心だけれども、自分のことを神の前に祈ることがおろそかになったり、その逆の場合もあるでしょう。また、日々の祈りの中で、いつしか自分の視座に終始するようになることもあります。何とはなしに慣れ親しんだ角度からばかり、決まり文句のような祈りを重ねて満足してしまう危険もあります。せっかく豊かな祈りの特権を得ているのに、ごく限定的にしかそれを用いないとすれば、たいへんもったいないことです。

私たちには、願いも祈りもとりなしも感謝も、私たちの思いをすべて主の前に広げるようにして申し上げることが許されています。神の素晴らしさを告白し、神への信頼を告白する特権を大切にしましょう。悔い改めを申し上げ、主への期待を申し上げることをさらに豊かに経験したいものです。

また、だれのために祈るのか、という点でもパウロはテモテの視野を拡げさせます。「すべての人のために」です。特別な課題を抱えている人々のためだけでなく、教会の中の人々のためだけでなく、すべての人のために祈るように勧めています。

さらに、「王たちと高い地位にあるすべての人のために」とことばを継ぎます（原文では二節）。新改訳第三版にあった「また」という翻訳上の補足が新改訳２０１７ではなくなって、わかりやすくなりました。二つの「ために」は単なる並列ではありません。「すべての人」と言ったときに、除外されている人はいないはずだからです。ですから、「すべての人」と並列して、また「王たちと高い地位にあるすべての人」のためにも、ということではありません。

では、二つの「ために」はどういう関係にあるのでしょうか。これは注意喚起だと考えられます。本来、最初の「ために」だけで十分です。「すべての人のために祈りましょう」で十分であるはずです。しかし「実際のところ、王たちや高い地位にある人たちのためにも祈っていますか。あなたは、あなたがたは」と注意を喚起する必要があったのでしょう。この手紙が書かれたのは、キリスト者に対する社会的、政治的な圧迫が高まっていた時代です。王たちや高い地位にある人たちが敵対者、迫害者であるときに、彼らのために祈るのは簡単なことではなかったかもしれません。「しかし、忘れないようにしましょう。除外しないようにしましょう。すべての人のために祈るのです」と注意喚起をしているのです。

すべての人のために用意された唯一の救い

すべての人のために何を祈るのでしょうか。ここでのパウロの祈りの関心は、すべての人の救いにあります。すべての人のために、王たちと高い地位にあるすべての人のことも忘れることなく、特にその救いを祈りなさい、というのがパウロの強調点です。

この箇所は、しばしば為政者のためにとりなす勧めとして引用されます。為政者が正しく政治を行うように、との祈りを励ます聖書箇所として受け取られていることが多いのです。そして、為政者との関係で「平安で落ち着いた生活」を考えるようです。

けれども、「いつも敬虔で品位を保ち」とあることからも、パウロの考えはむしろ、祈る者たちの、神との関係に向いているように思われます。もちろん、為政者の働きのためにとりなすことは適切なことで、重要なことです。しかしこの聖書の箇所に限って言えば、為政者のために、彼らが救われるように祈ることが関心の中心にあるのです。

「平安で落ち着いた生活」は、意味の重複する類語を重ねることで、外的な状況から内面のあり様にまで全体に及ぶ平安を強調しているようです。すべての人の救いのために祈ることは、神のみこころと整合することですから、祈る者に平安で落ち着いた生活をもたらしますし、そうしないことは、私たちを内面から揺さぶり、私たちの生活にも不安定を来すことになります。「いつも敬虔で品位を保ち」も同じように、類語を重ねて強調し、意味の拡がりを意識させることばの使い方でしょう。そのように祈ることは、神の御前に良いことであり、喜ばれることです。

これが、私たちがすべての人の救いのために祈るべき理由の第一です。さらに続きます。

第二に、「神は、すべての人が救われて、真理を知るようになることを望んでおられる」からです。それゆえ私たちは、神のみこころにそって、すべての人のために、その救いのために祈ります。

第三に、「神は唯一で」あり、「神と人との間の仲介者も唯一」だからです。人が神と和解させていただくための道は、ほかにはありません。神が人となり、キリスト・イエスとして来てくださいました。そして道を用意してくださいました。主イエスは言われました。

「わたしが道であり、真理であり、いのちなのです。わたしを通してでなければ、だれも父のみもとに行くことはできません」（ヨハネ一四・六）。

しかも、キリストは「すべての人の贖いの代価」として、十字架の死を引き受け、贖いを完成してくださいました。すべての人のために提供されている唯一の救いの道です。

ですから、私たちは祈るのです。すべての人にこの救いが届くように、と。王たちや高い地位にある人たちを、あるいは、どんな人々のことでも、初めからその救いをあきらめてしまったり、意識して除外したりして、そのために祈らない、などということがあってはなりません。すべての人のために祈りましょう。

その証しのために

そして、私たちは証しすることを求められています。このキリストがすべての人の、唯一の救い主であることを宣べ伝えるのです。

パウロは、この素晴らしい福音を証しするために、こんな自分が救われた、という事実に心を向けていました。この福音のために、宣教者、使徒、教師に任命されたという、自分のアイデンティティを確認しています。特に異邦人に信仰と真理を教える教師として。

これが、回心の初めからパウロの生涯をずっと貫いている確信でした。

私たちはどうでしょうか。救いにあずかる前の自分は何者だったでしょうか。神の一方的なあわれみにあずかり、この上ない恵みに生かされる者となった私は、どのような務めを神から託されたのでしょうか。救いにあずかった最初の時から確信をもっているという方もあれば、ある時期に自分の使命を確信するようになった方もおられるでしょう。いずれにしても、託されている自分の使命を今改めて確認しましょう。そのために注力している日常であるか、自らを顧みることにしましょう。

また、自分の使命を祈り求めている最中だという方々も、主に尋ね、みことばに聞くことにいよいよ心を用いましょう。このことのために救いにあずかり、この務めに任命されている、と確信できますように。

使命は多様、現場も多様、方法も多様ですが、皆に共通しているのは証しのためである、ということです。主から託された使命を通して、福音を証しし、すべての人の救いのために用いていただきましょう。あなたにとっての「すべての人」の最初の一人はだれでしょうか。その人の救いのために祈ることから、次の一歩を踏み出しましょう。

8　男たちよ、祈りなさい

〈二・八〉

「そういうわけで、私はこう願っています。男たちは怒ったり言い争ったりせずに、どこででも、きよい手を上げて祈りなさい。」

「すべての人のために祈りなさい」と勧めたパウロは、次に、「男たちは……同じように女たちも」と、もう一歩踏み込んで具体的に教えます。

まず男たちについてのパウロの願いに注目しますが、この八節を心に覚え、口にするときに、その強調点を誤解しないように注意したいと思います。たとえば、男だけが祈れると強調しているわけではありませんし、手を上げるという祈りの姿勢に強調があるわけでもありません。パウロの中心的な強調は、「どこででも」にあります。三つの角度から男たちに祈ることを励ますこの節を、原語の順序で考えることにしましょう。

あらゆる場所で

「私は男たちが祈っていることを願っています」と語り始めたパウロは、第一に「どこででも」と励まします。「あらゆる場所で」と直訳的に述べると、もっと強調された感じがするでしょうか。ということは、男性には、そのようにしない傾向がある、あるいは少なくともその恐れがあるということです。確かに私たちの現実を省みると、思い当たる方も少なくないでしょう。人の見えるところでは敬虔そうに祈りに励んでいる様子を見せびらかそうとする誘惑にあうことを。

主イエスは言われました。

「また、祈るとき偽善者たちのようであってはいけません。彼らは人々に見えるように、会堂や大通りの角に立って祈るのが好きだからです。まことに、あなたがたに言います。彼らはすでに自分の報いを受けているのです。あなたが祈るときは、家の奥の自分の部屋に入りなさい。そして戸を閉めて、隠れたところにおられるあなたの父に祈りなさい。そうすれば、隠れたところで見ておられるあなたの父が、あなたに報いてくださいます」（マタイ六・五〜六）。

すべての人のために、その救いのために祈るようにテモテに勧め、教会に勧めたばかりです。ですから、八節も男性だけが祈ることを願っていると理解するのは不適切です。男性の弱さを意識しながらのパウロの励ましであると理解できます。

私たちは、どこででも祈りましょう。特に男性たちは、場面を問わず、人が見ているとかいないとか、そんなことに振り回されないように、どこででも祈っている者でありたいと思います。

きよい手を上げて

次に、「きよい手を上げて」です。これは祈りの所作の問題ではありません。聖書の中にある祈りの姿勢は多様であって、特定の姿勢だけが強調されてはいません。「怒ったり言い争ったりせず」と続く表現や、九節以下の指示を考えても、私たちの関心は「きよい」という語のほうに向かわせられます。

この語はパウロ書簡では、ほかにテトスへの手紙一章八節で用いられているだけです。そこでは「敬虔」と訳されています。しかし、より一般的な、よく用いられる「敬虔」ということばとは違う語なので、少し整理しましょう。パウロ書簡以外に出てくる六回の訳語も多様で、「敬虔な」、「聖なる」、「確かな」と分かれます。どれも、神または御子に関連して用いられています。とすれば、「きよい手」というときの「きよさ」とは、神の子とされた者たちが、神の完全を基準として、神に倣うことを切望して、きよくあろうとするあり様である、と受けとめることができるでしょう。そうであれば、「敬虔」と訳されるのもうなずけます。新生した神の子どもたちは、神を基準として、神だけを恐れて、きよく歩みたいと願います。これが「きよい手を上げて」という意味なのです。

このことに関連して、福音書からもう一か所を開きましょう。自分は正しいと確信していて、ほかの人々を見下している人たちに、イエスが話されたたとえ話です。

「二人の人が祈るために宮に上って行った。一人はパリサイ人で、もう一人は取税人であった。パリサイ人は立って、心の中でこんな祈りをした。『神よ。私がほかの人たちのように、奪い取る者、不正な者、姦淫する者でないこと、あるいは、この取税人のようでないことを感謝します。私は週に二度断食し、自分が得ているすべてのものから、十分の一を献げております。』一方、取税人は遠く離れて立ち、目を天に向けようともせず、自分の胸をたたいて言った。『神様、罪人の私をあわれんでください。』あなたがたに言いますが、義と認められて家に帰ったのは、あのパリサイ人ではなく、この人です。だれでも自分を高くする者は低くされ、自分を低くする者は高くされるのです」（ルカ一八・一〇〜

一四)。

このパリサイ人の自己義認と高慢は、「きよい手」とは対照的です。「罪人の私をあわれんでください」と祈る取税人のほうがきよさに近い、というのです。驚くべき教えです。

私たちはどうでしょうか。自分は正しいと確信して、ほかの人々を見下しているようなことはないでしょうか。これはときとして、キリスト者に忍び寄る危険な自己理解です。義認が全面的に神の恵みであることを忘れてしまったかのような、あるいは、自分の功績によって今を得ているかのような考え方や態度が私たちの祈りを空回りさせることがあります。きよさにおける妥協や欺瞞は、祈りの生活を傷つけ、空転させます。祈りを独白に終わらせ、自己陶酔や自己満足に終始させてしまうのです。主が私たちを守ってくださることを願います。

怒りや言い争いなしに

三つめに加えられるのは、「怒ったり言い争ったりせずに」です。これもまた、男性の陥りやすい危険を見事に言い表しています。祈るより先に怒り、祈るより多く言い争ったりする傾向です。

テモテが、牧会者として直面していた状況を思い起こしましょう。教会の教師たちの間に、違ったことを教える者が出てきていました。むなしい議論をもてあそび、人々を惑わし、教会を揺さぶるのです。そんな者たちに対する怒りが内側から湧き上がってくるような感覚を想像することは難しくないでしょう。特に男性にとっての弱さと言えるでしょう。

怒りは、男性には、いわば幼なじみのような、付き合い馴れた相手のようです。小さな男の子たちに、競争心や闘争心をもつことが美徳であるかのように教え込む文化が広くあふれています。その延長線上に怒りがあることも普通のこととされているようです。あるのが普通ですから、普段は制御されている怒りが込み上げて表面化し、暴発しても、さして驚くべきことではないように思ってしまいます。それどころか、怒りを正当化することが得意だったりします。正論を振り回し、ことばを武器にして、ますます怒るということさえあるかもしれません。すべての男性をひと括りにすることはできませんが、キリスト者であっても、男性にとって怒りは身近な存在ではないでしょうか。

そして、その怒りが祈りを妨げるのです。自分の基準を絶対視して、それにそわない他者に対して怒り、あるいは神に対してさえも、同じ理由で怒ることがあるのではないでしょうか。少し前に見たヨナもそうでした。「神に対して怒り、勝手な言い分を繰り広げるヨナ」をなおもあわれんでくださる神を覚えて感謝します。しかし、ヨナのような失敗を繰り返したくないとも思います。これには主の助けがどうしても必要です。

加えて、怒りが罪の糸口となる危険も覚えておかなければなりません。エペソ人への手紙四章二六～二七節には次のようにあります。

「怒っても、罪を犯してはなりません。憤ったままで日が暮れるようであってはいけません。悪魔に機会を与えないようにしなさい。」

ともかく、怒りは祈りを妨げます。言い争いにも似たような面があります。男性のお得意のところであって、男たちの祈りを妨げるのです。

議論が良くないというのではありません。混同しないように注意しなければいけません。聖書の真理から離れたところでなされる空想話や無益な論議、自己目的化してしまっているような議論が、言い争いを招き、祈りを妨げるのです。男性は気をつけたいものです。

女性たちにもひと言。個別のケースで決めつけてほしくはありませんが、多くの男性に共通する傾向として、理解しておいていただきたいと願います。

どこででも、祈りなさい

最後にもう一度。この節の中心にあるのは、どこででも祈ることの勧めです。特に男性の弱さを意識しながら、パウロはそう勧めます。ですから、私たちは今、各々の祈りのあり様を振り返りたいと思います。先に述べたように、女性たちが除外されているわけではありません。男女を問わず、です。

私たちはどこで祈っているでしょうか。「どこででも」と聖書は勧めています。目覚めの祈り、デボーションの時の密室の祈り、食卓での感謝の祈り……とそういうことではないようです。あの場所この場所でというのでなく、あらゆる場所でというのです。

そう言いながらも、目覚めの祈りはお勧めです。日ごとの目覚めのともかく最初の最初に、主の臨在を告白して主を賛美し、新しい日を主に感謝し、その日の歩みのために主の助けを求める習慣を身につけることをお勧めします。ほんの一瞬の祈りであるかもしれません。それでも、一日、どこにいても、何をしていても、主が共におられることを不断に自覚しているための良い助けとなります。主と対話しながら、一日を過ごす。それが私たちの毎日であったら、本当に幸いです。

毎正時の祈りの習慣も幸いです。自分の行動範囲のあちらこちらに、祈ることを思い出させる、目に見えるしるしを配置しておくことなども、その助けになるでしょう。ただ、どんな工夫も形骸化することは覚えておく必要があります。いくつかの工夫を繰り返しながら、しっかり身につけていくのです。

たましいの呼吸などと言ったりするように、祈りは、何か時や場所を定めた特別な営みに限定すべきものでなく、私たちの日常を貫く、主との対話です。いつも、どこにも共にいてくださる主を覚えていることです。その主との活き活きとした交わりの中に歩む日々を確立させていただきたいと思います。

9　女たちよ、飾りなさい

〈二・九～一五〉

「同じように女たちも、つつましい身なりで、控えめに慎み深く身を飾り、はでな髪型や、金や真珠や高価な衣服ではなく、神を敬うと言っている女たちにふさわしく、良い行いで自分を飾りなさい。女は、よく従う心をもって静かに学びなさい。私は、女が教えたり男を支配したりすることを許しません。むしろ、静かにしていなさい。アダムが初めに造られ、それからエバが造られたからです。そして、アダムはだまされませんでしたが、女はだまされて過ちを犯したのです。女は、慎みをもって、信仰と愛と聖さにとどまるなら、子を産むことによって救われます。」

飾りなさい

二章に入って、「何よりもまず」と言って強調し、祈ることを勧め始めたパウロは、八節で、男性の特有の弱さに触れつつ、どこででも祈るようにと励ましました。次にパウロが願い、勧めるのは、「飾るように」ということです。今度は特に女性が直面する課題に触れながら、です。三つのまとまりで読んでみましょう。

最初は「つつましい身なりで、控えめに慎み深く」自分を飾りなさい、です。大切な原則が示されていますから、しっかり受け取りたいと思います。ただ、その基準には幅があり、人によって、その生きている文化圏や時代によってかなり異なるものです。どのような身なりがつつましくて、何が控えめでないのか、それをだれが決めるのでしょうか。原則をわきまえて、各々が主体的に判断することが求められます。同時に、自分の基準を絶対視しない謙虚さも必要です。したがって、自分の主観で他の人を断罪しないことです。女性は飾りに敏感で、服装やアクセサリーであれ、化粧であれ、周りが気になる傾向があるようです。自分らしさを大切にしてください。そして、他の人のことに関心を向け過ぎないようにしてください。

それにしても、これだけでは相対的で曖昧です。パウロは二つめに、より具体的なガイドラインを示します。「はでな髪型や、金や真珠や高価な衣服ではなく」と言って、避けるべきものを例示しています。当時の女性の流行だったのでしょう。

数年前に訪れたギリシア展で、私の「はでな髪型」の理解がとても豊かに拡げられました。展示されていた一世紀前後のギリシア文化圏の女性像の「はでな髪型」たるや、それは重そうな、小山のように高く結い上げた髪型でした。あるいは冠を模していたのかもしれません。コリント人への手紙第一、一一章の記事もふと思い起こします。ともかく、たいへん「はでな」髪型です。

金や真珠や高価な衣服と続く表現も、当時の文脈で理解することが必要です。たとえば真珠は、養殖の成功で広く用いられるようになった今とは比べものにならないほど高価なものでした。イエス様のたとえ話にあるように、良い真珠は、商人が「持っていた物すべてを売り払い、それを買います」（マタイ一三・四五～四六参照）というほどです。贅を尽くして、自分を飾り上げ、自分を誇ろうとする誘惑が警告されているということでしょう。現代の文化脈で、女性の髪型や真珠を評論するのは見当違いです。見張らないといけないのは、この誘惑の危険です。

三つめに、「良い行いで」自分を飾るように、という積極的な勧めが続きます。「良い」というのは、主観的なことではありません。五章一〇節には具体的な例が挙げられています。やもめについて、「良い行いによって認められている人、すなわち、子どもを育て、旅人をもてなし、聖徒の足を洗い、困っている人を助けるなど、すべての良いわざに励んだ人」と。「良い」とは、他者に対する具体的な行いに現れる客観的な事柄です。ローマ人への手紙には、「神のみこころは何か、すなわち、何が良いことで、神に喜ばれ、完全であるのかを見分けるようにな」る（一二・二後半）とあります。基準は神にあります。神に喜ばれる良い行いこそが、私たちにふさわしい飾りなのです。

学びなさい

「飾りなさい」に続いて、一一節と一二節の中心は、「女は……学びなさい」です。それに、「静かに」、「よく従う心をもって」と二つの但し書きがついています。これらは、学ぶことを邪魔する傾向に言及するものです。

まず、要らぬおしゃべりが学ぶことを妨げることは明らかです。ここでは、コリント人への手紙第一、一四章を思い起こし、教会の交わりの中での学びのことを第一義的に考えましょう。いつの時代も、と言ってよいでしょうか、教会の礼拝で、学び会で、家庭集会で、要らぬおしゃべりを始めてしまうのは、どちらかといえば女性のほうかもしれません。おしゃべりの途端に注意は本筋から逸れてしまい、浮遊することがあります。ひそひそ話をしながらでは、学びに神経を集中することはできないでしょう。もっと言えば、心の中でするおしゃべりにも注意する必要があります。

もう一つ、「よく従う心をもって」という但し書きも、女性の弱さを意識しているのでしょう。新改訳2017の欄外注にある直訳「あらゆる従順をもって」と読むほうがより強い調子を感じます。一二節にあるように、従順とは対照的に、支配することを切望する女性たちが多かったのでしょう。いつの時代にも、どこでもそうなのかどうか断定はできませんが、少なくとも、テモテが奉仕していたエペソの教会には、その傾向が強かったに違いありません。学ぶよりも教えることが好きな女性たちや、従順よりも支配に傾斜する女性たちのことをパウロは考えていました。「教えたり男を支配したりする」ことが、教会に何らかの混乱を来していたのでしょう。

一二節が、あらゆる時代の教会に対して、女性の教師やリーダーを禁止していると考えるのは全く不適切です。実際、パウロの良き理解者であり同労者であったプリスキラとアキラの例があります。プリスキラはアポロを教え（使徒一八・二六）、エペソの家の教会を導いた（Ｉコリント一六・一九参照）と考えられます。また、女預言者たちもいました。けれどもその一方で、女性の不従順が教会に混乱を来した場面もあったのです。そのようなところでは女性の奉仕が制限されるのは適切なことでした。

アダムとエバ

さらにその理由が続きます。

一三節は秩序の問題です。神は、初めにアダムを造り、それから「人がひとりでいるのは良くない」（創世二・一八）と仰せになって、エバを造られました。これが秩序を示しており、女が男を支配すべきでない理由となっています。

一四節は、女のほうがだまされたという事実に注目しています。女は、アダムに相談したり、その判断を仰いだりすることをしないまま、蛇にだまされて過ちを犯しました（創世三章）。誤解のないように注意深くみことばを聞きましょう。この箇所は、アダムが過ちを犯さなかったとは言っていません。アダムはアダムで決定的な過ちを犯して神に対して罪を犯しました。エバのほうが罪が重いとか軽いとか、そんなことをこの箇所は問題にしていません。女がだまされて過ちを犯したという事実に訴えて、女性たちに学ぶことを大切にするようにと勧めているのです。

子を産むことによって救われる

さて、最後の一五節は聖書の難解な箇所の一つです。確かによく読んでも、前後を考え合わせても、どう理解したらよいのか難しく感じるところです。しかし歴史的な背景を知ることで、この節の意味は明らかになります。

英国のティンデル研究所で長らく所長を務めたブルース・ウィンター氏を聖書神学舎と聖書考古学資料館で日本にお迎えしたときのことです。ウィンター氏は、一世紀のギリシア・ローマ世界のキリスト教について精力的に研究し、中でもコリントには幾度も遺跡調査に入って研究を深めた専門家です。まるで当時のコリントに直接訪れたことがあるかのような、とまで言うと言い過ぎでしょうが、しかしそのように形容したいほど、コリントの町や生活や文化に精通しておられました。その先生から学んだこの一五節の解釈は、全く新鮮で、かつきわめて説得力のあるものでした。

次のような事情をまず紹介してくださいました。当時、女性たちが体形維持のため、美容目的の妊娠中絶をすることが流行していた。しかし、古代のこと、その中絶の処置が女性たちの生命を奪うことも珍しいことではなかった。それでパウロは一五節のように勧めているのである。これがウィンター氏の解釈です。こうした事情を裏づける史料を紹介するのはここでは控えますが、合理的な、説得力のある解釈だと思いました。

「だまされて過ちを犯した」に続いて、「女は……救われます」とあるので、つい罪からの救いを考えてしまいます。しかし、たましいの救いを出産と結びつける聖書の教えは見当たりません。一方、「救われる」と訳されている語は、福音書の記事でしばしば紹介されるように、病気が「治る」とか「助かる」とも訳されます。そのような意味でここの「救われます」を理解することができます。

いろいろな解釈が試みられてきた箇所ですが、私はようやく納得しました。少しことばを補ってしまいますが、こういうことです。女性は、子を授かることになったら、流行を追いかけ、体形や見映えを優先して妊娠中絶に走るようなことをせず、子を産むことによって生命を長らえるのである、と。九節から、女性の飾り、自意識について言及がありました。九節と一五節に同じ「慎み」という語が使われています。それらも考え合わせると、筋の通った読み方であると言えます。

この事例からもよくわかるように、聖書考古学も、聖書の読解に欠かせない大切な学問です。その進展も祈りに覚えたいと思います。

むすびに

最後に、もう一度、段落の全体を振り返ります。

「男たちはどこででも祈りなさい。」女性たちが除外されているわけではなく、特に男性の弱さを意識しながらの勧めである、とこのことばを読みました。とすれば、「女たちは良い行いで自分を飾りなさい」という勧めも、男性を除外するものではないでしょう。女性の弱さという面が強調されてよいとしても、男性にも似たような傾向がないわけではありません。キリスト者は、他の何かでなく、良い行いで自分を飾りたいものです。さらに、「女性たちは静かに、あらゆる従順をもって、学びなさい」というパウロの勧めを、今、私たちも受け取りましょう。

10　立派な働きを求めることです

〈三・一～七〉

「次のことばは真実です。『もしだれかが監督の職に就きたいと思うなら、それは立派な働きを求めることである。』ですから監督は、非難されるところがなく、一人の妻の夫であり、自分を制し、慎み深く、礼儀正しく、よくもてなし、教える能力があり、酒飲みでなく、乱暴でなく、柔和で、争わず、金銭に無欲で、自分の家庭をよく治め、十分な威厳をもって子どもを従わせている人でなければなりません。自分自身の家庭を治めることを知らない人が、どうして神の教会を世話することができるでしょうか。また、信者になったばかりの人であってはいけません。高慢になって、悪魔と同じさばきを受けることにならないようにするためです。また、教会の外の人々にも評判の良い人でなければなりません。嘲られて、悪魔の罠に陥らないようにするためです。」

立派な働き

「もしだれかが……」という、鍵括弧で括られた一文は、エペソの教会で広く知られていたものと考えてよいでしょう。「次のことばは真実です」と念を押すようにしてパウロは、テモテと教会がこの真実な告白に堅く立つように促します。「ことばは真実です」という定形句については一章一五節のところでも言及しました。

「監督の職」とは、今日の牧師、伝道者の職とほとんど同義語と考えることができます。五節に「神の教会を世話する」とあり、聖書の他の箇所では、「監督」は「長老」という語と互換的に使われています（たとえば使徒二〇・一七と二八）。監督、長老、牧師、あるいは呼称はともかくとして、教会の霊的な指導を担う立場にある人々のことも含むでしょう。

「だれかが監督の職に就きたいと思うなら、それは立派な働きを求めることである」とパウロは言います。立派な働き、良い働きです。それだけに、就きたいと思えばだれでも就けるというものではありません。パウロは一章一節にあるとおり、神の命令によって使徒となりました。テモテの場合も、預言によって明らかにされた神のみこころに応答して伝道者になりました。一章一八節や四章一四節からそのことがわかります。人がその職に就きたいと願うことは尊いことです。ただその願いも、神が立てさせてくださった志であると確認することが大切です。人の思いだけでなく、神の召しであることが必要なのです。牧師、伝道者の働きのことがどうしても気になるという方々がおられるでしょう。自分もそれに召されているかもしれない、と気になる場合は、不安や恐れに押し流されることなく、その思いを直視してください。神のみこころを確認してください。

要件

それは立派な働きを求めることです。しかし、続くみことばを聞くと、尻込みしたくなるでしょう。たいへん高い基準が設定されているように感じるからです。「このような務めにふさわしい人は、いったいだれでしょうか」（Ⅱコリント二・一六）。そう言いたくならないでしょうか。しかし、初めから不可能なことを神が人に要求なさるはずはありません。確かに高い基準です。しかし可能なのです。

順に考えてみましょう。

まず、「非難されるところがなく」と、それだけでもすでに高すぎる基準であるように感じます。だれからも、何についても非難されるところがないようにすることがはたして可能なのでしょうか。それだからこそ、召しが大切であるとわかります。この高い基準を聞かされてなお、自分の願いだけに基づいて、盤石の自信をもって立候補する人物がいたら、すでに何かを見失っているようにも思います。神が召してくださったので、願いも神が与えてくださったので、その神に応答して立ち上がるというのが、監督の職に就きたいと思う者の姿でしょう。

「一人の妻の夫」と続きます。誤解してはいけません。既婚者であることを要求しているのではありません。パウロは生涯独身で福音に仕えました。ここで求められているのは貞節です。結婚している者は、生涯一人の妻の良き夫であれ、ということです。

次に五つの単語が畳みかけられるように続きます。

「自分を制し、慎み深く」は意味範囲の重なる語です。他の邦訳では「節制し、分別があり」という訳もあります（新共同訳参照）。何かの思想や、どこかの指導者に心酔して自分を見失ってしまわないことが大切です。あるいは自分の感覚や感情に任せて暴走することがないように、冷静に自分を見つめ、また律することのできる姿勢が必要です。

ちなみに、ペテロの手紙第一、四章七節には同様の語が重ねて用いられていて（「万物の終わりが近づきました。ですから、祈りのために、心を整え身を慎みなさい」）、これが教会全体に求められる姿勢とされていることも覚えておきたいと思います。「一人の妻の夫」も同じですし、この後に続く要件も、キリスト者だれにも求められるあり様です。それらが欠けなく揃っていて、非難されるところがない、というのが監督の姿であるというのです。

「礼儀正しく」は新改訳第三版では「品位があり」と訳され、三章九節では女性の「つつましい」身なりと訳されています。「コスミオス」という、新約に二回用いられるだけの語ですが、よく知られた「コスモス」（世界・宇宙）という語の関連語です。コスモスの原意にある「秩序」をもとに考えると、つつましい身なりは秩序のある身なり、礼儀正しさも品位も秩序のある歩みである、と理解できそうです。ここでパウロが教えているのは、言動に筋が通っている、それゆえに信頼される、そのような人物像でしょう。

「よくもてなし」はそのまま理解できるでしょう。

「教える能力があり」は、テモテへの手紙第二、二章二四節では「よく教え」ということばになっています。「能力」という訳語から、偏差値や世間が検定する何かを想像しないことです。よく教えることができるという意味です。

三節は、「酒飲みでなく、乱暴でなく」と二つの否定形で限定してから、「柔和で、争わず、金銭に無欲で」と三つの語を並べます。

「寛容」とも「優しさ」とも訳される「柔和」は、福音書で用いられる〝柔和〟とは異なる語です。それでも、パウロが、キリストの〝柔和さ〟と「優しさ」をもってあなたにお願いします（Ⅱコリント一〇・一参照）と、これらの語を結びつけているので、キリストを模範とする優しさ、寛容、柔和であると理解できます。神のしもべが争いを避けるべきことは、牧会書簡に繰り返し教えられています。金銭欲についても、この手紙の六章で改めて取り上げています。その危険を厳しく警告し、「満ち足りる心を伴う敬虔こそが、大きな利益を受ける道」（六節）と教えます。六章でもう一度扱うことにします。

それにしても、今日、教会が直面する指導者のスキャンダルを顧みると、それらが、柔和さを欠き、争いに早く、金銭欲に引き回される姿がもたらす過ちであり罪であることを思います。主の助けを仰ぎます。

さて、四節と、補足ないし挿入的な五節とは、家庭を治めることについての教えです。これも読んでそのまま受けとめられるでしょう。ただし、日ごろから「自分の家庭をよく治め、十分な威厳をもって子どもを従わせている人」が、子どもの一時的な反抗や家庭の散発的な混乱に直面したからといって、それで直ちに不適格の烙印を押さないようにしたいと思います。その一方で、個人主義などの現代的な価値観に流されて、聖書が明示するこの要件を軽視することにも警戒しなければなりません。今日の文脈における家庭をよく治めること、十分な威厳をもって子どもを従わせることを、教会全体でよく理解し、その理解を共有するようにしたいものです。

六節も大切です。信者になったばかりの人の、福音に新鮮な感動を覚えている姿や、証しや奉仕に熱心に励んでいる姿を見るのは、だれにとっても喜びです。初めの愛を思い出す助けにもさせていただきましょう。それとともに、人の感動や熱心が神の召しと混同されないように気をつけなければいけません。感動が推進力となり、熱心がエネルギーとなって、様々な良い実を結ぶことができるでしょうが、それが高慢を招くこともあります。神の召しが原動力である奉仕の結実は、神を賛美することにつながりますが、人の感動と熱心の結実は人をほめることにつながりやすいのです。自分で自分をほめ、あるいは人々にほめられて高慢になってしまうと、この節の後半を考え合わせれば、自分のものではない位置を占めようとしたり、秩序を転覆させようとしたりして神のさばきにあう危険があります。

最後に「教会の外の人々にも評判の良い人」であることだと言います。これまで並べてきた高い基準を掲げたリストを満足させる人物は、結果として、世間にも評判の良い人でしょう。そうでない者が監督として立てられることは、その人だけでなく、その仕える教会も嘲られることにつながってしまいます。指導者の不適切な言動のために、本人のみならず教会が世間から嘲られ、そのついでに福音までも嘲られるような事態は、悪魔の思うつぼです。断固として避けなければなりません。

こうして「非難されるところがなく」から始まった一連の要件は、「評判の良い」という類似の思想で締めくくられます。いったいだれがこれらを満たして立つことができるのか、と改めて言わざるを得ません。

神の召しと教会の務め

大切なのは、やはり召しです。神がご自分の働きのために招集なさるのです。そして神は、召しに応答した者が最善を尽くして神と神の教会に仕えることができるように、助けてくださいます。召された者は逃げ隠れせずに、主に応答してください。立派な働きを求める者は、自分をごまかさず、自分を甘やかさず、真実を隠さず、妥協せずに、こういう人「でなければなりません」と聖書が教えるところに生きることを求めてください。

この聖書の箇所は、教会にも多くを求めています。召しに応答しようとする者がこれらの要件を満たしているかを審査（三・一〇参照）するのは、教会の責務です。それが人の熱心だけでなく、確かに神の召しであることを確認することも、教会の責務です。そして、神の召しを了解し、支持することになったときには、こういう人として生き抜くことができるように、とりなして祈り、具体的に助けることもまた、教会の務めでしょう。

このように、召された者が立てられ、立派な働きを主におささげできるように祈っていきましょう。また、教会が整えられ、養われて、豊かに実を結び、いよいよ輝かしく神の栄光を反映することができるように、祈っていきたいと思います。

11　執事たちの奉仕

〈三・八～一三〉

「同じように執事たちも、品位があり、二枚舌を使わず、大酒飲みでなく、不正な利を求めず、きよい良心をもって、信仰の奥義を保っている人でなければなりません。この人たちも、まず審査を受けさせなさい。そして、非難される点がなければ、執事として仕えさせなさい。この奉仕に就く女の人も同じように、品位があり、人を中傷する者でなく、自分を制し、すべてに忠実な人でなければなりません。執事は一人の妻の夫であって、子どもと家庭をよく治める人でなければなりません。執事として立派に仕えた人は、良い地歩を占め、また、キリスト・イエスを信じる信仰について、強い確信を持つことができるのです。」

執事とは

「監督」に続いて「執事」についての教えを聞きます。最初に当時の名称と今日のキリスト教会で用いられる名称について整理しておきましょう。

まず、当時の意味です。この語は、「しもべ」、「奉仕者」、「仕える者」とも訳されていて、パウロの二十一回の用例中、新改訳聖書では、この段落以外で「執事」と訳されているのはピリピ人への手紙一章一節の一回だけです。新約聖書の時代には、教会のいわゆる職制は形成途上です。使徒の働き六章が執事の選任の記事であるとされたりします。確かに、そこで使われる「仕える」という動詞は「執事」と同じ語源ではありますが、あの箇所に「執事」という語を充てるのは時期尚早であると思います。

次に、今日の「執事」の意味には、より一層広い幅があることと、その背景には歴史の必然もあることを考えておきます。十六世紀の宗教改革のころ、国教会のようなプロテスタント教会の「長老」職に旧来の聖職権威主義の臭いを感じたグループは、「長老」という表現を遠ざけて「執事」の名称を多用しました。とはいえ、聖書の教える長老の務めそのものを遠ざけたのではありません。アナバプテストをはじめとする自由教会の伝統で用いられる「執事」の名称は、教会の実際的な必要に仕える奉仕者ばかりでなく、教会の統治や霊的指導に及ぶ奉仕をも視野に入れたものだったと考えられます。「執事」と称しながら、「長老」的な機能も含んでいたために、いくらかの混乱があるように思います。今日、自由教会の伝統の中で、たとえば教会の「役員」の役割には、長老のような面と執事のような面とが重なり合っているように見えます。それでおそらく良いのでしょう。ただ、この意味の幅によって教会が無用の混乱を経験することがないように、立てられた者たちも会衆も共通の理解に立っていることは大切です。

今は、この聖書箇所の文脈に立って、前の段落の監督・長老とは異なる務めを担う「執事」という意味で、このみことばを聞きましょう。ちなみに、これを「執事」でなく「奉仕者」と訳す聖書があるのもうなずけます（新共同訳、聖書協会共同訳参照）。

執事の要件

八節は「同じように」と始まりますが、監督に求められる要件とは内容も順序も少し異なります。

まず、「品位があり」は第三版では「謹厳で」と訳され、三章四節の「威厳」と語源を同じくする語です。強調点や文脈に違いがあるとはいえ、監督と執事に共通する要件です。「二枚舌を使わず」は孤語ですが、よくわかることばです。そのまま受けとめましょう。場面によって、相手によって主張が変わってしまうのでは、信頼されませんから。「大酒飲みでなく」の原語が三章三節の「酒飲みでなく」と異なるのは、単なる表現上のバリエーションではなく、程度の差を意図しているものでしょう。「不正な利を求めず」についても同様で、「金銭に無欲」という監督の要件よりは少しだけ緩やかな条件であると言えるでしょう。

「きよい良心をもって、信仰の奥義を保っている人」にも、身の引き締まる思いがします。

「良心」はだれにも与えられていますが、汚れからきよめられ、歪みから守られて、きよい状態で機能しているというのは、だれにでも自動的に与えられているということではありません。

また、「信仰」は、信じた者すべてに与えられていますが、「信仰の奥義」はどうでしょうか。「奥義」という語をパウロはよく用います。すべての人にいつも明らかというわけではないけれども、神によって明らかに示された人々には知られていることである、と言えるでしょう。神の奥義、みこころの奥義、キリストの奥義、福音の奥義など、多数の例があります。「奥義」は神に属することですから、神が明らかにしてくださるときに初めて人に知られるものです。一方、「信仰の奥義」という組み合わせはこの箇所だけですが、「信仰」というと、人に属すること、人がもっているもののように感じます。一六節の「敬虔の奥義」も同様です。信仰に奥義の語が充てられるのは、だれにでも与えられる一般的な意味での信仰にとどまらず、信仰に関して神が明らかに示してくださったことごとを受けとめ、保っている人でありなさい、ということでしょう。

良心をもって、信仰を保っている人は大勢いますが、「きよい良心をもって、信仰の奥義を保っている人」という条件を求められると、そう簡単なことではないでしょう。

以上を五つと数えましょうか。これらについて審査を受けさせなさい、と言われています。「テモテよ、あなたが審査しなさい」というのでなく、「審査を受けさせなさい」となっています。審査の主体がだれなのか明示されていませんが、少なくとも、監督牧師一人でなく、長老たち、あるいは教会なのでしょう。これらの要件を満たしているかどうか、複数の証人によって審査、確認されて、非難される点がなければ、執事の奉仕に就くのです。

さて、一一節の「この奉仕に就く女の人」は、新改訳第三版では「婦人執事」となっていました。新改訳２０１７の欄外注は「執事の妻」と「女性執事」を別訳、すなわち「本文には採らなかったが、重要と思われる別の訳」として付記しています（新改訳2017「あとがき」参照）。形成途上の職制であること、また当時の男性中心社会という文化脈を考えると、「女性執事」と訳すべき特定の職位があったのではないと考えられます。執事の奉仕を担当する女性たちもいた、ということなのでしょう。

ここにも「同じように」とあるとおり、「品位があり」は執事と同じ、「自分を制し」は監督と同じです。一方、「人を中傷する者でなく」は、一連のリストにはなかった新しい表現です。女性だけの問題だとは思いませんが、女性のほうが陥りやすい弱さなのかもしれません。男性のほうは、「品位があり」に続くのは「二枚舌を使わず」でした。

中傷と二枚舌に共通するのは、それが口の失敗であるということです。二枚舌の罪に陥りやすいのは女性以上に男性のほうで、虚栄心や計算高い利益誘導といった心が働きやすいということでしょう。男性たちは、二枚舌という罪を見張りたいのですが、特にその背後に隠れている歪んだ動機に敏感でありたいと思います。女性たちは、中傷の誘惑の背後に、ねたみや貪りが隠れていないか、よく自己吟味したいものです。虚栄心もねたみも、神への信頼と反比例して大きくなるものでしょう。神が、神の恵みの測りにしたがって最も良いものを備えていてくださると確信している者には虚栄は必要ありませんし、ねたみが侵入することもないでしょう。神に全く信頼して生きている者は、自由と平安を享受して日々を過ごせるでしょう。私たちはどうでしょうか。

こう考えると、奉仕者にとってだけの要件というよりも、信仰者の成熟の方向を指し示しているリストである、という言い方ができそうです。「すべてに忠実な人でなければなりません」と結ばれますが、主にあってすべてのことに忠実に生きることは、私たちみなの願いです。

一二節は、二節と四節で学んだことを思い起こしながら、そのまま読んでおきましょう。

奉仕の報い

一三節には奉仕の報いが教えられています。

執事として「立派に」仕えた人とありますが、この語群は三章前半に六回も用いられていて、この箇所を貫いている重要な思想です。一節の「立派な」働き、四節の「よく」治め、七節の評判の「良い」、一二節の「よく」治め、そして一三節の「立派に」と「良い」地歩、と。これを手がかりに、少し思い切って、一三節の報いは執事に対するだけでなく、よく仕えた奉仕者たち、「この奉仕に就く女の人」にも「監督」にも当てはまる、と受けとめてよいでしょう。

報いはまず「良い地歩を占める」ることだと言いますが、これはどういうことでしょうか。「地歩」は聖書の中に一度しか出てこないために、かなり幅広い解釈が提案されてきました。神の目にかなう良い歩み、会衆の尊敬を得る立ち位置、世間の良い評判を強化する立場、と。また、これを「地位」と訳す聖書もあります。この語には段階という意味合いが含まれていることから、古代のこの箇所の解釈の事例を手がかりに、執事として立派に奉仕すると、段階が上がって上位の奉仕者の地位に着くようになるというわけです。これには少し無理があると思います。「強い確信」という、もう一つとも釣り合いがとれないからです。あくまでも、その奉仕者自身が、神の目にも人の目にも、良い評価を得るということであると理解しましょう。立派に仕えた人は、良い地歩を占めるのです。

報いのもう一つは、信仰についての「強い確信を持つ」ことです。信仰を得ているだけでなく、信仰の奥義を保っている（九節）人が、奉仕を通して、さらに強い確信をもつようになる、という上向きの循環です。これも私たちが実際に見聞きするところです。キリスト者は、様々な奉仕の中で信仰を強められ、ますます喜んで奉仕するようになります。とりわけ執事や長老においては、その奉仕を立派に果たそうとして、いよいよ聖書に親しみ、よく祈るため、信仰の確信を強められるのです。

念のために言い添えておきましょう。執事として、長老として、牧師としての奉仕の年数を重ねるだけで自動的に良い地歩を占め、強い確信をもつことができるわけではありません。「立派に仕えた人は」です。「立派に」が三章前半を貫く思想だと述べました。示されている要件について謙虚に、誠実に自らを確かめながら、託されている務めをよく果たす、そういう立派な奉仕者に約束されている報いです。

務めに立たされている者たちは、立派に仕え抜くことができるように願いを新たにしましょう。また、教会はこれらの奉仕者がよく仕えることができるように、祈りをもって支え、また具体的に助けていきたいものです。

12　健全な教会、その拠って立つところ

〈三・一四〜一六〉

「私は、近いうちにあなたのところに行きたいと思いながら、これらのことを書いています。たとえ遅くなった場合でも、神の家でどのように行動すべきかを、あなたに知っておいてもらうためです。神の家とは、真理の柱と土台である、生ける神の教会のことです。だれもが認めるように、この敬虔の奥義は偉大です。

『キリストは肉において現れ、
霊において義とされ、
御使いたちに見られ、
諸国の民の間で宣べ伝えられ、
世界中で信じられ、
栄光のうちに上げられた。』」

「これらのことを書いています」と始まる一四節は、この手紙の折り返し地点のようなところです。ここまで、教会が健全に、堅固に建て上げられるように、というパウロの願いが繰り返し述べられてきました。「健全」と訳されている原語は複数あるのですが、いずれにせよ、パウロ書簡では十二回すべてが牧会書簡で用いられています。健全な教えに基づく健全な教会の形成が、晩年のパウロにとっての重要な関心事であることがよくわかります。

この手紙の後半でさらに具体的な指示を展開する前に、パウロは、建て上げるべき「教会」が何ものであるのか、短いことばで、きわめて重要な確認をしています。その三つのことばに注目して、私たちの教会理解を整えられたいと思います。

神の家

まず、教会は「神の家」です。「家」は建物としての家を指すこともあれば、家庭を指すこともあります。直前の箇所で四節に、監督は「自分の家庭をよく治め、十分な威厳をもって子どもを従わせている人」、一二節で執事は「子どもと家庭をよく治める人」でなければならない、とあるのと同じ単語です。自分の「家庭」をよく治めている人でなければば、神の「家」で的確な奉仕などできるはずがありません。

また、教会が「神の」家である、という確認を大切にしなければなりません。神のものであって、人のものではない、という当たり前のことです。だれかが教会を私物化したり、まるで自分の家、自分の家庭であるかのようにわがもの顔でそれを支配したりしてはなりません。教会は、神のものであり、神がお住まいになる家であり、神の家庭である交わりです。この自覚を大切にしましょう。

生ける神の教会

パウロは、また「生ける神の教会」であると念を押します。「生ける神の」です。まことの神を、人間が作り出した偶像の神々と一緒にしてはなりません。テモテが奉仕しているエペソは、女神アルテミスを祀る壮大な神殿の門前町として繁栄した面もあります。「全アジア、全世界が拝むこの女神のご威光さえも失われそう」(使徒一九・二七)だというデメテリオの扇動に、職人たちばかりでなく、群衆までも「偉大なるかな、エペソ人のアルテミス」と叫び続けたといいます。いのちのない神なのに、人々は、この神が彼らの生活を支え、町に繁栄をもたらしたと信じていました。エペソの町での生活は全面的にそのような世界観に影響されていました。そこから救い出されたキリスト者たちではありますが、彼らの日常、彼らの現場は、それまで生きてきた同じエペソの町の同じ世界観です。そのただ中で、生ける神という表現を高く掲げ、そのお方に一人ひとりが招かれて教会に連なるものとなったのだ、とパウロは確認しているのです。

この世界のどのような集団とも違って、教会は、生ける神のものです。生ける神によって福音の恵みに導き入れられた人々の集まりです。神の家であり、生ける神の教会ですから、それを、人が、違った教えでかき乱すようなことをさせてはならないのです。

真理の柱と土台

三つめは、教会は「真理の柱と土台である」という確認です。

いくつかの読み方の可能性がありますが、ここでもアルテミス神殿のことを思い起こしておくのが良いでしょう。

「神殿は奥行一〇三メートル、間口四三メートルの広さであり、そこには直径一・八メートルの大理石円柱が一〇〇本立てられ、そのうち三六本には高さ三メートルの所まで等身大の女人群像が浮彫にされている。アルテミスの像は、その神殿の中にある内殿に安置されていた」といいます（『新聖書辞典』七八頁）。

想像するのも容易でないほどの壮大さです。しかし、どんなに立派な建物でも、そこに真理はありません。生ける神もおられません。神の家は、教会です。驚くべきことに、神は、教会という脆い、頼りなくも思える存在を、「真理の柱と土台」と呼ばれます。私たちのことです。私たちが「真理の柱と土台」だというのです。

この「土台」と同根の語がコリント人への手紙第一、一五章五八節にあって、「堅く立って」という命令の中に出てきます。

「ですから、私の愛する兄弟たち。堅く立って、動かされることなく、いつも主のわざに励みなさい。あなたがたは、自分たちの労苦が主にあって無駄でないことを知っているのですから。」

実は、この「堅く立って」と訳された語の強調点は、「立つ」ではなくて、「堅く」にあります。「堅固であれ」ということです。「しっかり腰を据え」という邦訳もあり、これも好ましいと思います。

教会が、真理の柱と土台として、堅固であることが大切です。教会が揺さぶられると、世界は真理を見失うことになりかねません。二千年の教会の歴史を振り返ると、為政者におもねるようにして妥協した教会や、民衆に同調してポピュリズムに陥った教会など、いろいろな教会の混乱を思い出すことになります。

私たちも、今この国で、戦前戦中の教会の混乱の轍を踏むことがないように堅く立ちたいと思います。マモニズム（拝金主義）に足をすくわれたり、繁栄の神学や様々な神学の流行に右往左往して、腰砕けになったりすることがないようにしましょう。生ける神が私たちを神の家とし、真理の柱と土台として用いてくださいます。この光栄を感謝して、堅く立って神に仕えたいと思います。

敬虔の奥義

こうして手紙の前半を結ぼうとするにあたって、パウロは、教会の拠って立つところを示します。一六節で「だれもが認めるように、この敬虔の奥義は偉大です」と述べて、続く六行詩を紹介します。

これは、当時よく知られていた賛美歌か信仰告白文のようなものだと考えられます。「敬虔」という語も、「奥義」という語も、パウロにとっては珍しくない用語ですが、「敬虔の奥義」という組み合わせはここだけです。九節の「信仰の奥義」もそうでした。読者はいささかの戸惑いを拭えないでしょう。

「敬虔」とは、神を神としてあがめ、畏れることであり、その結果として現れる具体的なあり様のことです。牧会書簡で特によく用いられる語です。「奥義」とは、隠されており、秘められており、わからない人にはいつまでもわからないけれども、明らかにされ、そうとはっきりわかった人には、もはや秘密ではないことである、と説明したらよいでしょう。

神の奥義、キリストの奥義、福音の奥義などの組み合わせで用いられていることを前回も学びました。それらはなるほど奥義です。しかし、「敬虔の奥義」とは、どういうことでしょうか。今述べたことからすると、敬虔は人間の側の理解であり、態度であり、その現れとしての言動です。それが奥義だというのでしょうか。いや、敬虔が奥義であると言っているのではなくて、敬虔の拠りどころとなっているものが、キリストの福音が、奥義である、と言っているのです。そして、その福音の奥義を告白する六行詩が続くのです。

「キリストは肉において現れ」という一行目は、三つの大切な真理を告白しています。まず、キリストの先在性です。現れたのであって、造られたのではありません。クリスマスにおいて初めて存在するようになったのでもありません。初めからおられた方が、時満ちて現れてくださったのです。ということは、このひと言は、キリストの神性も告白しているということです。すでに存在しておられた、という事実を突き詰めていくと、万物よりも先に存在しておられたお方、神にほかならない、ということになりますから（コロサイ一・一五～一八参照）。キリストの先在性と、キリストの神性と、三つめにキリストの受肉という真理です。永遠の神が、有限な人間の肉体において現れてくださいました。ここに神の救いのご計画がありました。罪に陥り、神から離反している人間を、その自ら招いたあらゆる悲惨から救出して、あるべき本来の位置に回復させるための神のご計画です。神との和解のための、繰り返される必要のない、完全な宥めのささげ物として、神が御子を肉において遣わしてくださいました。すべての肉なる者の代表として、「すべての人の贖いの代価」（二・六）となるために、キリストは肉において現れてくださいました。

ヘブル人への手紙の次の箇所もこの真理を雄弁に語っています。

「そういうわけで、子たちがみな血と肉を持っているので、イエスもまた同じように、それらのものをお持ちになりました。それは、死の力を持つ者、すなわち、悪魔をご自分の死によって滅ぼし、死の恐怖によって一生涯奴隷としてつながれていた人々を解放するためでした。当然ながら、イエスは御使いたちを助け出すのではなく、アブラハムの子孫を助け出してくださるのです。したがって、神に関わる事柄について、あわれみ深い、忠実な大祭司となるために、イエスはすべての点で兄弟たちと同じようにならなければなりませんでした。それで民の罪の宥めがなされたのです。イエスは、自ら試みを受けて苦しまれたからこそ、試みられている者たちを助けることができるのです」（二・一四〜一八）。

「霊において義とされ」以下の五行については、読みっぱなしにしてしまいますが、どれも人間の合理的な説明を超えたミステリアスな事実の宣言です。確かに偉大な敬虔の「奥義」です。

「キリストは肉において現れ、
霊において義とされ、
御使いたちに見られ、
諸国の民の間で宣べ伝えられ、
世界中で信じられ、
栄光のうちに上げられた。」

このお方に属するものとして、キリスト者として、キリストの教会として生きる幸いを感謝しましょう。神の家として、生ける神の教会として、真理の柱と土台として、健全な教会を整え、共に神の栄光を反映して歩みたいと思います。

13　神が造られた良いもの、惑わす霊を見分けて

〈四・一〜五〉

「しかし、御霊が明らかに言われるように、後の時代になると、ある人たちは惑わす霊と悪霊の教えとに心を奪われ、信仰から離れるようになります。それは、良心が麻痺した、偽りを語る者たちの偽善によるものです。彼らは結婚することを禁じたり、食物を断つことを命じたりします。しかし食物は、信仰があり、真理を知っている人々が感謝して受けるように、神が造られたものです。神が造られたものはすべて良いもので、感謝して受けるとき、捨てるべきものは何もありません。神のことばと祈りによって、聖なるものとされるからです。」

エペソの教会が直面していた困難

テモテが仕えていたエペソの教会の困難な状況を理解するために、初めに二つの聖書箇

所を確認しましょう。まずエペソ人への手紙四章一七節後半～一九節です。

「あなたがたはもはや、異邦人がむなしい心で歩んでいるように歩んではなりません。彼らは知性において暗くなり、彼らのうちにある無知と、頑なな心のゆえに、神のいのちから遠く離れています。無感覚になった彼らは、好色に身を任せて、あらゆる不潔な行いを貪るようになっています。」

パウロは異邦人の道徳的な無感覚に言及して、教会が外側からの影響に惑わされないようにと勧告しています。御国の基準とは明らかに異なるこの世の価値観、道徳の感覚、世間の常識と言われるものに引き寄せられ、妥協に妥協を重ね、それでいて悩まない、といった状況がエペソにはあったのでしょう。こうしたことは現代の教会にも蔓延しているのかもしれません。このくらいのことはだれでもしているとか、今の時代にこんなことは普通のことであるとか、しばしば耳にする言いわけではないでしょうか。

「しかしあなたがたは」とエペソ人への手紙の箇所は続きます（四・二〇）。そして五章にかけて、エペソの教会に対してどこに立つべきかを具体的に教えています。それはそれであとで読んでみてください。

もう一つの箇所は、テモテへの手紙第一、一章三～七、一九～二〇節です。思い出してください。教会の内側に、教師たちが異なる教えに陥っている状況が生じています。そうした中でパウロが四章で特に問題にするのは、先の道徳的無感覚の状況とは対極にあるようにも思われる禁欲主義です。「にも思われる」というのは、実は、妥協の産物である放縦と軽率な禁欲には似ている点があるからです。神の基準よりも人の基準に立とうとする点です。対極というより隣り合わせと理解するほうが良いでしょう。これらがエペソ教会の直面していた困難な状況でした。

軽率な禁欲主義

エペソの近くのコロサイにもよく似た問題がありました。コロサイ人への手紙二章でパウロは、「つかむな、味わうな、さわるな」（二一節）といったこの世の定め、人間の戒めや教えは、「人間の好き勝手な礼拝、自己卑下、肉体の苦行のゆえに知恵のあることのように見えますが、何の価値もなく、肉を満足させるだけです」（二三節）と教えています。

このような禁欲主義の背景には、当時のギリシア人の世界観があると考えられます。肉体と精神を徹底して分離する二元論的な考え方は、肉体を軽視し、あるいは肉体に期待することをやめて、もっぱら精神の向上に取り組むことを励ましたのでしょう。それどころか、肉体はそのような取り組みを妨害する悪しきものとまで考えさせたのだと思われます。

そのような視座からは、禁欲は肉体を制御する近道になるのでしょう。もう一つ、先の、道徳的な無感覚に対する反動や反発のようなことも、軽率な禁欲主義の背景にあるのかもしれません。

こうしてみると、結婚を禁じるのは、善なるものの宿り得ない肉体を喜ばせるようなことを徹底して避けるべきだ、という思想の現れであると理解することができます。食物を断つことを命じるというのも、何かしらの極端な禁欲主義が背景にあるのでしょう。その一方で、聖書が積極的な意味での断食も教えていることも忘れてはなりません。

教会を脅かしていたのは、特定の禁欲を遵守することが霊的な生き方の必要条件であるかのような、そしてそれさえしていれば条件を十分に満たしているかのような偽善です。

「後の時代になると」というのは、遠い将来のことではなくて、すでに目の前にある現実がますます加速することを警告しているのでしょう。「良心が麻痺した、偽りを語る者たちの偽善によるものです。」激しいことば遣いです。「麻痺」というのは、焼かれて機能不全になっている、という意味合いです。あるいは、サタンに焼き印を捺されて、奴隷や囚人のように自由を失っている状態のことを示唆しているのかもしれません。自力では回復不能です。

神が造られたものはすべて良いもの

「しかし」と、三節後半からパウロは教えます。神は良いものを造って、私たちに与えてくださっている、と。食物であれ、結婚であれ、私たちの肉体であれ、本来良いものとして造ってくださったものです。

創世記一章三一節はこう言っています。「神はご自分が造ったすべてのものを見られた。見よ、それは非常に良かった。」

ところが、その良いものが人間の背きの罪のために歪められてしまいました。人間の罪が、人間自身にも、この被造世界にも、悲惨を招き入れました。世界のあらゆる悲惨の根本的な原因は、ほかならぬ人間の罪です。それなのに、自分の罪の事実を受け入れようとせず、また、罪の解決のために神が提供してくださった唯一の救いの道を認めず、自分の力だけで悲惨を解消しようとするのが人間です。神の基準を受け入れず、人間の基準を振り回す軽率な禁欲主義も、そのような挑戦の一つと言ってよいでしょう。

確かに、私たちの身体は、ある意味で厄介なものでもあるでしょう。私たちの心からの願いと全く裏腹な動きを選ぼうとします。快適を求め、快楽を求め、楽なほう、得なほうを嗅ぎ分ける力が、ほとんど自動的に働きます。そんな現実を直視すると、私たちは自分の身体について辟易するかもしれません。しかし、そのような身体も本来は良いものだと言うのです。罪の結果を背負い、歪んでいて、私たちを苦しめるけれども、本来は良いものなのです。神との和解を得た者は、その本来の「良かった」状態を回復する幸いにあずかっています。

感謝して受ける

本来、「神が造られたものはすべて良いもの」ですから、感謝して受けるべきです。和解を得ているキリスト者においては、特にそうです。食物のことだけでなく、結婚や身体のことも含めて考えましょう。それらは感謝して受けるべきものです。取り扱いが厄介な身体であっても、感謝して受けるのです。結婚が重荷に感じられることがあったとしても、感謝して受けるのです。食物もそうです。捨てるのでなく、遠ざけるのでなく、感謝して受けるのです。

「感謝して」と繰り返されているみことばの促しを心に留めましょう。「感謝して受けるとき、捨てるべきものは何もありません。神のことばと祈りによって、聖なるものとされるからです。」　神のことばが、すべて良い、と宣言しているのです。創造の初めに、そして、この手紙においても。ですから、その宣言を人のことばが覆すわけにはいきません。人はただ、神のことばに応答して、感謝して受けるのです。

「祈り」は、食物でいえば、食事の際の感謝の祈りでしょう。神が造り、神が与えてくださった日ごとの糧は、神に感謝して受ける者にとっては聖なるものです。

出エジプトの民のことを思い出します。神がマナを降らせて養ってくださったのは、女性、子どもを除いて、徒歩の壮年男性だけで約六十万人という民です（出エジプト一二・三七）。荒野の旅の間、いつも神が食べさせてくださいました。「それは、人はパンだけで生きるのではなく、人は主の御口から出るすべてのことばで生きるということを、あなたに分からせるためであった」（申命八・三）。一方、四十年の訓練の時を経て導き入れられるカナンの地は、「谷間と山に湧き出る水の流れや、泉と深い淵のある地、小麦、大麦、ぶどう、いちじく、ざくろのある地、オリーブ油と蜜のある地」です（同七～八節）。それゆえ、モーセは警告しました。

「気をつけなさい。私が今日あなたに命じる、主の命令と主の定めと主の掟を守らず、あなたの神、主を忘れることがないように。あなたが食べて満ち足り、立派な家を建てて住み、あなたの牛や羊の群れが増え、銀や金が増し、あなたの所有物がみな豊かになって、あなたの心が高ぶり、あなたの神、主を忘れることがないように。……あなたは心のうちで、『私の力、私の手の力がこの富を築き上げたのだ』と言わないように気をつけなさい。あなたの神、主を心に据えなさい。主があなたに富を築き上げる力を与えるのは、あなたの父祖たちに誓った契約を今日のように果たされるためである」（同一一〜一八節）。

私たちは、食物が神の恵みであるということを覚えて、感謝して受けましょう。日ごとの糧を自分の労働の成果として理解するのでは不十分です。確かに、額に汗するようにして働いたかもしれません。食べるために、代わりに何かを我慢する選択をしたかもしれません。けれども、食物は本質的には神の恵みです。神がこの世界を保持して、食物生産の可能な環境を整え、流通も可能にしてくださっています。太陽の輝きも雨も、人間が造り出せるものではありません。神の恵みであると告白して、感謝して受けましょう。

結婚も神の恵みです。身体もそうです。神の恵みであり、良いものですが、人間の罪がその良いものを歪めてしまっているのです。そのために、重荷に感じられたり、取り扱いが厄介に思われたりすることがあるのです。しかし、正しい理解に立って、感謝して受けるとき、「捨てるべきものは何もありません」。

恵みから目を背けて、「惑わす霊と悪霊の教えとに心を奪われ、信仰から離れるようにな」らないように気をつけましょう。そして、神のことばに教えられ、祈りによって神の御前に聖別して、感謝して受け、神の恵みとして喜び誇る者たちであらせていただきましょう。

14　立派な奉仕者として

〈四・六〜一〇〉

「これらのことを兄弟たちに教えるなら、あなたは、信仰のことばと、自分が従ってきた良い教えのことばで養われて、キリスト・イエスの立派な奉仕者になります。俗悪で愚にもつかない作り話を避けなさい。むしろ、敬虔のために自分自身を鍛錬しなさい。肉体の鍛錬も少しは有益ですが、今のいのちと来たるべきいのちを約束する敬虔は、すべてに有益です。このことばは真実であり、そのまま受け入れるに値するものです。私たちが労苦し、苦闘しているのは、すべての人々、特に信じる人々の救い主である生ける神に、望みを置いているからです。」

四章六節から、パウロの関心は再びテモテその人に向かいます。立派な奉仕者として働くことができるように、と多数の具体的な勧告がこの後に展開します。「立派な」は一章一八節で紹介したように、「良い」と「勇敢な」を足して三つに割って理解してみた語で、この手紙の後半でも多用されます。テモテが良い奉仕者として成長することを願うパウロの親心のようなものを感じます。

立ち位置

勧告の各論を考える前に、六節に注目して、奉仕者の立ち位置に関わる二つの思想を受けとめておきましょう。キリスト・イエスの奉仕者であるという位置と兄弟としての立ち位置です。どちらも、パウロの深い配慮を思わされることばの選び方です。

「キリスト・イエスの奉仕者」という表現には、テモテがだれに仕えているのかを確認する思いが込められているようです。ほかのだれにでもなく、キリストに仕えているのだ、と。目に見える現実としては教会に仕えています。けれども、テモテの服するべきは、エペソの教会の人々の要請ではなく、恩師パウロの命令でもなく、他のどのような要求でもありません。テモテはキリストに仕えているのであって、キリストにのみ服するのである、という基本的な確認です。

本来は、これらが大きく食い違うことは多くないはずです。ところが残念なことに、偽りの平安を聞きたい民の声や、人心を掌握したい為政者の声が、神の民の指導者たちを屈服させる場面は、歴史の中で繰り返されてきました。伝道者は、テモテであれ、代々の教会の指導者たちであれ、他のだれでもなく、主キリストに仕える立場にあるという自覚を堅く保つ必要があります。だれのもとで、だれのために奉仕しているのか、その正しい自覚が、状況に振り回されない、安定した奉仕を可能にします。伝道者はキリスト・イエスに仕えるしもべなのです。

「私たちは、この務めがそしられないように、どんなことにおいても決してつまずきを与えず、むしろ、あらゆることにおいて、自分を神のしもべとして推薦しています」（Ⅱコリント六・三～四後半）。

もう一つ、「兄弟たちに教える」という立ち位置が大切です。上からではなく、ということでしょう。この手紙で、「兄弟」という語がこの箇所まで一度も用いられていないのは驚きです。パウロの多用することばだからです。それが、この手紙ではわずか三回用いられるだけで、そのどれもが、対等な関係や目線といったニュアンスを含んでいるようです。どこか高いところから見下ろすようにして教えるのでなく、兄弟として教える、フラットな関係性が大切である、とパウロは促している、というふうに解してよいでしょう。実は、「教える」と訳されている語も、一般的な教えるということばではなく、直訳では「目の前に置く」とか「提示する」といった意味です。兄弟から兄弟へと差し出す位置関係に自らを置くようにとテモテに促しているのです。

立場が人を変えるとよく言われます。牧師・教師の立場にある者は、とかく「先生」と呼ばれて、教えを乞われるなかで、いつしか自分が優位で、高所に立っているかのような誤解に陥る危険があります。よく気をつけて、「兄弟たちに」という位置で教える者でありましょう。次回、一一節で学ぶように、権威をもって命じ、教えることも必要ですが、それは適切な立ち位置をわきまえてこそ有効に機能するものです。

これらのことを！

立派な奉仕者であるために、教えるべき（すなわち、提供すべき）は「これらのこと」です。パウロがここまで手紙で確認してきたことごとのことでしょう。その対極にあるのは、七節の「俗悪で愚にもつかない作り話」です。また、四章一～三節で指摘されていた間違った禁欲主義や、一章に言及されていた「違った教え」や「果てしない作り話と系図」などの有害無益な教説でもあります。啓示のみことばによらない教えであって、一見すると、手っ取り早い問題解決であるように思えるかもしれません。聞いている人々が歓迎し、喜び、満足するように見えるかもしれません。もっともっとと、そのような方向性を要請することもあるでしょう。しかし、人を、神との唯一の仲介者であるキリストへと向かわせ、神の前へと回復させるのでなければ、真の解決にはなりません。それどころか、唯一の救いであるキリストから目を離させるような教えになってしまいます。

七節の「避けなさい」は「拒絶しなさい」という含みをもっています。自分から求めることをしないように、というだけでなく、降りかかってくる誘惑を拒絶するようにともパウロは勧めています。一度、二度といった単発のことではなくて、継続してそうすることが求められます。

「俗悪で愚にもつかない作り話」にも似た教説が、いつの時代にも教会に侵入しようとします。当然、今日の私たちの教会にも、です。みことばによるのでない処世術。即席の問題解決の処方箋。無節操な繁栄の約束。人の心をひととき楽しませるだけの面白いお話。一章でも考えたことですが、それらが聖書に題材を求め、聖書に言及しながら、しかも教師たちによって繰り広げられると、それを識別するのはそう簡単なことではありません。そこに、教会のカルト化の危険があり、異端の芽生える危険があります。

牧師・教師は、どこまでも聖書に即して教えるという基本に立ち続けることを追求しなければなりません。避けるべき教説を見分けて、他の何でもなく、「これらのこと」を教える者でなければなりません。

また、教会の皆さんには、聖書をよく知り、聖書に基づいて判断する力において成長することが大切です。私たちは、安易な、面白いばかりの教説に憧れる傾向がないでしょうか。互いに教え、互いに励まし、聖書に立ち返ることを大切にしましょう。

敬虔のための鍛練

「避けなさい」に続いて、「鍛練しなさい」とパウロは命じます。「敬虔のために自分自身を」です。敬虔、それは、神を神としてあがめ、畏れる信仰者のあり方です。敬虔のために、敬虔へと、敬虔を目ざして、自分を鍛練しなさい、と。立派な奉仕者であるために追求すべきことです。

鍛練を理解するには、運動選手の日常をイメージするのも良いでしょう。からだを鍛えること、筋トレをイメージしても良いかもしれません。それは意志を働かせて、だれかが見ていようがいまいが、気乗りがしようがしまいが、こつこつと継続するような作業です。パウロは、信仰者の敬虔は、そのような鍛練によって手に入るものであると理解しています。

私たちはどうでしょうか。敬虔を、いつのまにか、知らない間に身につくもののように理解しているとすれば、それは考え違いです。確かに神を信じています。唯一のまことの神がすべてを治めておられることを信じ、そのように告白しているお互いです。けれども、私たちの日常を顧みるとき、私たちの歩みのすべての場面で、神がいつもその置かれるべき位置に置かれているでしょうか。私たちの時間の使い方、私たちのお金の使い方、私たちの人間関係など、あらゆる局面で、神が神とされているでしょうか。別の原理が働いて、私たちの敬虔を揺さぶることがないでしょうか。そのような誘惑に抗い、どのようなことにおいても神を神とし続けることは、確かに鍛練を要することです。私たちが、あらゆる瞬間に、あらゆる場面で、あらゆる課題について、全面的に神を畏れて生きることが「敬虔」であると理解するなら、それは相当な鍛練を要することなのです。

伝道者のことだけを考えているのではありません。すべてのキリスト者のことです。敬虔のために自分自身を鍛練することに思いを向けましょう。

肉体の鍛練も少しは有益です。健康維持のために、体力増進のために、美容のために、肉体の鍛練をしている方々もおられるでしょう。そのために、時間もお金も使っておられると思います。確かに少しは有益です。しかし、すべてに有益なのは敬虔です。敬虔の鍛練のために、どれほどの時間やお金を用いているでしょうか。よく自己吟味させていただきましょう。

見つめているのは、いのちの福音

敬虔は「今のいのちと来たるべきいのちを約束する」とパウロは言います。生きている人間に対して今のいのちを約束するというのですから、この「いのち」が肉体の生命だけを指すのでないことは明らかです。「来たるべきいのち」、すなわち永遠のいのちと同じ線上にある「いのち」です。肉体の生命の健康は、人の健康とイコールではありません。鍛えられた肉体、生命力のあふれる肉体に、健全な精神が宿るとは限りません。人は、まことの神との正しい関係に生きるときにだけ、神が意図された本来のいのちの輝きに生きることができます。敬虔が本来のいのちの輝きをもたらします。伝道者は、このいのちをもたらすまことの福音を伝えるのです。

最後に六節に戻ります。

伝道者は、まず自分が「信仰のことば」と「良い教えのことば」によって不断に養われることが大切です。牧師・教師の特権の一つは、「良い教えのことば」を最初に聞くことです。説教の奉仕、教える奉仕のために聖書を学びます。だれよりも先に、自分がその学んでいるみことばに養われるという特権です。そのようにして初めて、「これらのこと」

を教会の方々に教えることができます。みことばに聞き、みことばに教えられ、養われて、そうして初めて教えることができるのです。この幸いな循環を空洞化させたり形骸化させたりすることがないように、伝道者は、自分がまず聖書に養われることを大切にしなければなりません。そこに、立派な奉仕への道があるからです。

様々な立場でみことばの恵みを分かち合う奉仕についている皆さんも、まず自分が養われることを大切にしましょう。周りのあの人、この人と指さし、比較しながら、養われ足りないなどと論評したりするのは、何かを見失っているサインかもしれません。まず自分がみことばに聞き、みことばに教えられ、みことばに養われることを大切にしたいと思います。そのような証しと交わりが教会にあふれることを祈ります。

15　伝道者の務め——救いの完成

〈四・一一～一六〉

「あなたはこれらのことを命じ、また教えなさい。あなたは、年が若いからといって、だれにも軽く見られないようにしなさい。むしろ、ことば、態度、愛、信仰、純潔において信者の模範となりなさい。私が行くまで、聖書の朗読と勧めと教えに専念しなさい。長老たちによる按手を受けたとき、預言によって与えられた、あなたのうちにある賜物を軽んじてはいけません。これらのことに心を砕き、ひたすら励みなさい。そうすれば、あなたの進歩はすべての人に明らかになるでしょう。自分自身にも、教えることにも、よく気をつけなさい。働きをあくまでも続けなさい。そうすれば、自分自身と、あなたの教えを聞く人たちとを、救うことになるのです。」

テモテの務め

四章は六節からテモテに対する個人的な命令が始まっていて、一六節までを切り離せない一つの段落と見ることもできそうです。それでも、後半の一一節以下には命令形が集中して十個もあるので、そこに一つのまとまりを見ることも適切でしょう。

ここは「命じ」なさい、また「教えなさい」と始まります。「これらのこと」というのは一～五節のことであり、一章から三章で確認したことごとでしょう。対極にある、避けるべきことごとについても、パウロはテモテの注意を喚起してきました。けれども一節以下や七節に警告されている。避けるべきそれらではなくて、「これらのことを命じ、また教え」るのです。

私たちもすでに幾度も聞いてきた警告であり、励ましですが、このとき改めてしっかりと受けとめたいと思います。牧師・教師は、CSの教師やグループリーダーは、日ごろから何を教え、何を命じているか、改めて自らの奉仕を省みたいと思います。神の御旨にそったことごとだけを命じ、教える奉仕を、主におささげしたいものです。

三つめの命令は「軽く見られないようにしなさい」です。

年が若いといっても、この時のテモテは三十代後半であろうと、前に述べました。当時の平均寿命を考えると、現代の私たちの感覚では五十代くらいとイメージしてもよいかもしれません。そんなテモテの「若さ」を軽く見るか見ないかは、周りの人々の問題です。それでも、テモテにできることはあります。それが一二節後半です。むしろ、「信者の模範となりなさい」ということです。

「ことば」において模範となるために、テモテにできることがあります。若さ、未熟さ、軽率さを連想させることばではなくて、主を恐れ、人を愛する、思慮深いことばがいつもその口からあふれるように、祈り求め、自らを見張ることです。

「態度」においても同じです。この語は、他の箇所では「生き方」や「生活」と訳され、動詞形では「生きる」とか「行動する」とかと訳されていて、「態度」と訳されているのはこの節だけであることを紹介しておく必要があるでしょう。ここで言う「態度」とは、醸し出すムードや雰囲気のこと以上に、具体的な行動のことです。その人の考え方、価値観や優先順位が行動に現れます。その全体を含んでの「態度」において模範となりなさい、というのです。

さらに「愛、信仰、純潔において」と続きます。このようにいくつも例示して、パウロはテモテに対して、日常生活のあり方を具体的に吟味することを求め、実際的に取り組むことを励まします。

「命じなさい」、「教えなさい」、「軽く見られないようにしなさい」、「模範となりなさい」、と数えてきました。

そして五つめの命令は「専念しなさい」です。同じ語が四章一節では「心を奪われ」と訳されています。一章四節にもあって、そこでは「心を寄せる」となっています。関心を集中する、心を留める、という意味です。惑わす霊と悪霊の教え（四・一）ではなく、果てしない作り話と系図（一・四）でもなく、「聖書の朗読と勧めと教え」に関心を集中し、専念しなさい、と。（ちなみに、「聖書の」は翻訳上の適切な補足です。）

次に、「賜物を軽んじてはいけません」です。「預言によって」というのは一章一八節にもありました。テモテに対する神の召しが啓示され、それが確かに神のみこころであることが長老たちによって確認され、共有されたので、長老たちは按手をもってその確信を表明しました。賜物は神の恵みです。文字どおり神からいただいたものです。ですから、軽んじてはいけないのです。自分の感覚で自分にはあるとかないとか、人々の期待や評価に振り回されて、ありそうだとかないようだとか、軽々しく考えることは不適切です。

「これらのことに心を砕き」と、これらのことに「ひたすら励みなさい」とさらに続きます。「これらのこと」と実はあえて二回繰り返されているのですが、それは、特に六節から始まったテモテに対する個人的な命令の数々を指していると考えられます。テモテを誘惑する他のことごとがいつもあります。しかし、それらではなく、「これらのことに」とパウロは強調しています。そして、「そうすれば」と約束が続きます。「進歩はすべての人に明らかになる」のです。

それから最後の二つの命令です。「自分自身にも、教えることにも、よく気をつけなさい。」「働きをあくまでも続けなさい。」「よく気をつける」というのは、関心を集中する、注視するということです。テモテに対して様々な角度で促されてきたことを、ここでもう一度総括しているかのようです。「働きをあくまで続けなさい」は親切な意訳で、「それらの中にとどまり続けなさい」というのが元の意味です。「それら」という代名詞を、六節以降に命じられていたことごとを指すと理解するならば、今のような訳し方がわかりやすいでしょう。

「そうすれば」と始まる一六節後半は、明らかに六節からの全体を受けていると考えられます。テモテがこのように働くことは、「自分自身と、あなたの教えを聞く人たちとを、救うことになるのです」。

言うまでもないことですが、救いは神の主権的な恵みであって、人間によるわざではありません。神との和解は、神が遣わしてくださった唯一の仲介者、人としてのキリスト・

イエス（二・五）によってのみ可能です。エペソ人への手紙二章前半も、あとで読んでみてください。この意味で、テモテが救うとかパウロが救うとかといった思想は、聖書にありません。

では、「救うことになる」という一六節は何を言っているのでしょうか。それは救いの完成のことであり、完成への導きと理解できるでしょう。すべての人の贖いの代価（二・六）であるキリストを信じる者に、神は恵みの賜物として救いを下さいます。心に信じ、口で告白する者の救い（ローマ一〇・九～一〇）は、神の確かな事実です。キリスト者の救いはすでに確かであり、神の前にある事実ですが、キリスト者が地上で直面している現実を考えると、救いはいまだ途上にあるようにも感じます。救われた者も、その肉体は罪の影響を免れず、その生きている社会も自然環境も罪の歪みを受けており、矛盾に満ちています。そのため、キリスト者が地上で経験する救いは、その本来の豊かさに比べれば、あまりにも貧しいものです。今経験している、いわば途上の救いをもって、御国にある完成している救いを想像することは、ほとんど不可能なことでしょう。みことばに教えられ、信仰を働かせて、御国を知ることを追い求めたいと思います。

「こういうわけですから、愛する者たち、あなたがたがいつも従順であったように、私がともにいるときだけでなく、私がいない今はなおさら従順になり、恐れおののいて自分の救いを達成するよう努めなさい。神はみこころのままに、あなたがたのうちに働いて志を立てさせ、事を行わせてくださる方です」（ピリピ二・一二～一三）。

ともあれ、この「すでに」と「いまだ」との緊張関係を踏まえると、「救うことになる」という意味がよくわかるのではないでしょうか。牧師・教師が自分自身にも、教えることにも、よく気をつけ、働きをあくまで続けることが、完成への途上にある自分自身と、その教えを聞く人たちを、終わりの日の救いの完成へと確実に導くことになるのです。

「ですから、信仰は聞くことから始まります。聞くことは、キリストについてのことばを通して実現するのです。では、私は尋ねます。彼らは聞かなかったのでしょうか。いいえ、むしろ、

『その響きは全地に、
そのことばは、世界の果てまで届いた』

のです」（ローマ一〇・一七～一八）。

神がすべての人のために用意してくださった唯一の救いの福音を感謝し、救い主キリストを宣べ伝えたいと思います。

牧会伝道者の務め

テモテに対するパウロの数多くの勧めはそのまま、あらゆる時代の牧会伝道者に対する神のみこころの提示です。今日の私たちの文脈の中で少し具体的に考えてみましょう。

まず、教師としての奉仕に就いている者たちに対してです。最初にも短く述べましたが、私たちは何を「命じ」、何を「教え」ているでしょうか。聖書から離れた作り話や軽率な禁欲主義ではなく、聖書によらない処世術や道徳譚ではなく、「これらのこと」という表現に込められている原理に堅く立っていることが求められます。自己吟味とともに、同労者の交わりの中でその確認、点検がなされることも必要でしょう。また「軽く見られないように」、そのためにも「模範」となりなさい、という勧めをしっかり受け取ることが大切でしょう。ことばから純潔まで五つの分野に言及されていますが、要するに全人格的にということです。模範となるような言動に、表面的には次第に長けるようになる一方で、愛や信仰の成長が伴わないとか、純潔を追求することをあきらめるといったことがないようにしたいと思います。専念するべき務めを正しくわきまえ、優先順位を間違えないようにしたいものです。「賜物」をよく理解し、大切にしましょう。「これらのこと」に注力し、自分自身に、また教えることに関心を集中して、働きをあくまでも続ける奉仕者でありましょう。救いの完成を見つめて。

そして、教会全体としても考えましょう。牧師たち、教師たちが、このように生き、働くことができるように、まず何よりも祈りましょう。パウロがローマで軟禁され、生命を脅かされている困難の中で、教会に祈りを要請したことを思い出しましょう。教会全体で、主に召された奉仕者たちのために祈りましょう。また奉仕の分担もしましょう。賜物は教師たちだけのものではありません。教会の一人ひとりに、神の恵みの量りにしたがって、賜物が分け与えられています。各々、自分の賜物をよくわきまえ知り、その賜物をもってなす奉仕を積極的に、喜んで分担するようにしましょう。そのことによって、牧師・教師がなすべき務めに専念することができるようになります。それは教会の益であり、救いの完成への道筋です。

牧師・教師を、また教会を、主が整えてくださることを祈りましょう。

16 家庭訓

〈五・一～一六、六・一～二前半〉

「年配の男の人を叱ってはいけません。むしろ、父親に対するように勧めなさい。若い人には兄弟に対するように、年配の女の人には母親に対するように、若い女の人には姉妹に対するように、真に純粋な心で勧めなさい。

やもめの中の本当のやもめを大事にしなさい。もし、やもめに子どもか孫がいるなら、まずその人たちに、自分の家の人に敬愛を示して、親の恩に報いることを学ばせなさい。それが神の御前に喜ばれることです。身寄りのない本当のやもめは、望みを神に置いて、夜昼、絶えず神に願いと祈りをささげていますが、自堕落な生活をしているやもめは、生きてはいても死んでいるのです。彼女たちが非難されることのないように、これらのことも命じなさい。もしも親族、特に自分の家族の世話をしない人がいるなら、その人は信仰を否定しているのであって、不信者よりも劣っているのです。やもめとして名簿に載せるのは、六十歳未満ではなく、一人の夫の妻であった人で、良い行いによって認められている人、すなわち、子どもを育て、旅人をもてなし、聖徒の足を洗い、困っている人を助けるなど、すべての良いわざに励んだ人にしなさい。若いやもめの登録は断りなさい。彼女たちは、キリストに背いて情欲にかられると、結婚したがり、初めの誓いを捨ててしまったと非難を受けることになるからです。そのうえ、怠けて、家々を歩き回ることを覚えます。ただ怠けるだけでなく、うわさ話やおせっかいをして、話さなくてよいことまで話すのです。ですから、私が願うのは、若いやもめは結婚し、子を産み、家庭を治め、反対者にそしる機会をいっさい与えないことです。すでに道を踏み外し、サタンの後について行ったやもめたちがいるからです。もし信者である女の人に、やもめの身内がいるなら、その人がそのやもめを助けて、教会に負担をかけないようにしなさい。そうすれば、教会は本当のやもめを助けることができます。」

「奴隷としてくびきの下にある人はみな、自分の主人をあらゆる面で尊敬に値する人と思わなければなりません。神の御名と教えが悪く言われないようにするためです。信者である主人を持つ人は、主人が兄弟だからといって軽んじることなく、むしろ、ますますよく仕えなさい。その良い行いから益を受けるのは信者であり、愛されている人なのですから。」

少し長い聖書の箇所に目を留めましょう。六章の最初の二節も含みますが、これらの節にまとめて家庭訓という見出しをつけてよいでしょう。この箇所のほかにも、エペソ人への手紙五章から六章の記事、コロサイ人への手紙、テトスへの手紙、そしてペテロの手紙第一など数か所によく似たアプローチの記事があります。当時の教会にとっての一般的な関心だったと考えられます。

テモテに求められる態度

最初の二節はひとまとまりで、「叱ってはいけません。むしろ勧めなさい」という、テモテに対する教えです。自分より年配の男性に対して叱るような口ぶりでは、嫌悪や反発を招くことはあっても、伝えるべきことを的確に伝えることはできないでしょう。大切なことであればあるほど、それがきちんと伝わるように、配慮をもって勧めなさい、というのです。年配の男性に対しては、「父親に対するように」と言います。若い男性に対しては、「兄弟に対するように」と言います。そこに期待されるのは一定の尊敬や愛慕でしょう。上下を伴わないフラットな立場で、基本的な信頼を前提にして、ということでしょう。年配の女性には「母親に対するように」、若い女性には「姉妹に対するように」と続けられます。

「真に純粋な心で」という但し書きは、「勧めなさい」という動詞が一回だけ用いられていて全体を支配していることを考えると、四つの局面のすべてにかかっていると考えるのがよいでしょう。

本当のやもめを助けること

次に、やもめに関する指示が、かなり長く詳しく続きます。旧約聖書にもしばしば、みなしご、在留異国人と並んで、やもめに対する正当な扱いについての教えがあります。使徒の働き六章には、誕生してまもないエルサレム教会で、食糧の配給に関する問題が起こり、ギリシア語を使うユダヤ人たちのうちのやもめたちがなおざりにされていた、という記事があります。また直ちにその解決が図られたことも記されています。

私たちが理解しておかなければならないのは、当時の社会では、やもめになると、自分の力だけで生きていくことがきわめて困難だったということです。やもめになることは、夫との死別や離別を意味するだけでなく、生存そのものの危機に直面することでもありました。当時の女性の社会的な地位や経済活動の可能性を考えると、他者の助けなしには、生きながらえることそのものが難しかったのです。

神の民は、だれもが神の豊かな恵みによって生かされていることを認めているので、その恵みを互いの間で分かち合って生きるのです。出エジプトにおけるマナ（出エジプト一六章）や、エルサレム教会における財産共有（使徒四・三二）などは、そのための現物教育であり、良い例示です。ところが、せっかく神が用意してくださった恵みのシステムも、人間の我欲によって悪用されたり破綻させられたりしてしまうことがあります。出エジプトの旅の後、約束の地に入ってまもなく起こったアカンの罪（ヨシュア七章）。エルサレム教会における麗しい交わりの中に侵入したアナニアとサッピラの罪（使徒五章）。豊かな恵みと隣り合わせに、罪の誘惑があります。

テモテが牧会していたエペソの教会にも、やもめをサポートする幸いなシステムがありました。九節の「名簿」、一一節の「登録」といったことばがそれを示唆しています。具体的に何の名簿なのかを特定することはできませんが、この箇所の書き方は、三章の、監督の要件、執事の要件の記事を思い出させます。ある種の奉仕者として登録するようなことかもしれません。一二節の「初めの誓い」という表現もそのような読み方を示していると言えます。

ところが、そのシステムに、ほころびが生じてきたようです。「本当のやもめ」を識別しなければならないというのです。子どもや孫に支えてもらえるやもめが必要以上のサポートを要請したり、教会のサポートが自堕落な生活の糧となってしまったり、そのために本当のやもめに本当に必要なサポートが十分に届かない、といった事態が起こっていたのでしょう。望みを神に置いているやもめたちこそ大事にしなければなりません。それで、仕組みを修正するためにいくつかの具体的な指示がなされています。

また、若いやもめの陥りやすい状況について、パウロはとても厳しい表現で、具体的に警告しています。情欲にかられるとか、怠けているとか、話さなくてよいことまで口にするとか。「すでに道を踏み外し、サタンの後について行ったやもめたち」までいたというのです。放置しておくわけにいきません。当該の個人も、教会も、キリスト信仰も、こうした軽率によってそしられることがないようにと、これもまた具体的な指示が与えられています。

くびきの下にある人のわきまえるべきこと

次の一段落は、長老に関わる教えとして次回改めて学ぶことにし、今回は六章に目を移します。

「奴隷としてくびきの下にある人」に対する指示です。当時の社会には多数の奴隷がいました。旧約聖書にも多くの場面に奴隷が登場します。だからといって、聖書が奴隷制度を支持しているということではありません。当時においては神がこれを許容しておられた、と理解することにしましょう。ただ、もし奴隷という語が、南北戦争以前の北米の奴隷制度のようなものを連想させるとすれば、それは聖書の時代のものとはまるで違っています。たとえば、ヨセフは奴隷として売られたエジプトで、ファラオの廷臣で侍従長であるポティファルの好意を得て、その家と全財産を管理する者となりました。身分は奴隷のままでです。この例にも見られるように、主人の信頼を受けた有能な奴隷は、全財産を管理したり、あるいは家の子どもたちの教師であったり、家のお抱えの医者であったり、ということもあったようです。身分の自由こそありませんが、家族同様に厚遇されたりした場合もあったようです。

「くびき」は、仕事をさせるために家畜の首にかける用具です。一頭の牛にくびきをつけて、それに車を引かせたり、複数の家畜をくびきで結んで、そこに鋤をつけて畑を耕させたりします。当時の人々には日常の光景でした。家畜は、与えられた務めのために主人によってくびきにつながれます。自分で仕事を選ぶのではありません。また、自分の願いや決心でくびきから離れることもできません。奴隷の立場を、「くびきの下にある」と形容するのは、とてもわかりやすいと思います。

テモテの時代のエペソにも、他の地域と同じように奴隷が大勢いました。その人々にも福音が伝えられ、これまた大勢のキリスト者が誕生しました。とても幸いなことです。ところが、同じキリストを信じる者となって、今や兄弟姉妹なのだからといって主人を軽んじるようになった人々がいたようです。

奴隷である自分も主人も、互いに主にある兄弟姉妹であることは確かです。この手紙の書かれた少し前のこと、ローマで回心に導かれた逃亡奴隷オネシモを、主人ピレモンに送り返すときに、パウロが添えたピレモンへの手紙がありますが、そこに次のようにあります。

「オネシモがしばらくの間あなたから離されたのは、おそらく、あなたが永久に彼を取り戻すためであったのでしょう。もはや奴隷としてではなく、奴隷以上の者、愛する兄弟としてです。特に私にとって愛する兄弟ですが、あなたにとっては、肉においても主にあってもなおのことそうではありませんか。ですから、あなたが私を仲間の者だと思うなら、私を迎えるようにオネシモを迎えてください」（一五〜一七節）。

確かに、主にあって愛する兄弟です。けれども、だからといって、主人を軽んじて良いわけはありません。この世にあっては各々が異なる立場に生きていることも確かな事実だからです。許容された当時の奴隷制の中で奴隷として生きている者は、その立場にあって、よく仕えることが神のみこころです。本質的な自由を主にあって得ていることは、奴隷も主人も同じです。その自由を神の召しに即して用いることが、キリスト者の生です。

別の箇所でパウロはこのようにも教えています。少し長い引用です。

「ただ、それぞれ主からいただいた分に応じて、また、それぞれ神から召されたときのままの状態で歩むべきです。私はすべての教会に、そのように命じています。召されたとき割礼を受けていたのなら、その跡をなくそうとしてはいけません。また、召されたとき割礼を受けていなかったのなら、割礼を受けてはいけません。割礼は取るに足りないこと、無割礼も取るに足りないことです。重要なのは神の命令を守ることです。それぞれ自分が召されたときの状態にとどまっていなさい。あなたが奴隷の状態で召されたのなら、そのことを気にしてはいけません。しかし、もし自由の身になれるなら、その機会を用いたらよいでしょう。主にあって召された奴隷は、主に属する自由人であり、同じように自由人も、召された者はキリストに属する奴隷だからです。あなたがたは、代価を払って買い取られたのです。人間の奴隷となってはいけません。兄弟たち、それぞれ召されたときのままの状態で、神の御前にいなさい」（Ⅰコリント七・一七〜二四）。

割礼か無割礼か、それは身体のしるしであり、ほとんど出自の問題です。奴隷か自由人か、それは世にある立場です。取るに足りないことであり、気にしないように、とパウロは教えています。大切なのは、神の命令に生きること、神の御前に歩むことです。テモテへの手紙第一、六章でエペソの教会に教えるときも、この前提に立ってパウロは語ります。奴隷がキリスト者になったのは幸いなことです。新生した者として、改めて主人への尊敬を確認し、「むしろ、ますますよく仕えなさい」と教えます。神の恵みにそのように応答して生きることで、神の御名と教えの素晴らしさを証しすることができるのです。

今日の教会にとって

結びに、今日の教会にとってのメッセージを受けとめましょう。五章一〜二節からは、他者に向き合う基本的な姿勢です。第一義的にはテモテに対する教えですが、教会の指導者たちにも、広くキリスト者にもそのまま適用できます。勧めるとき、諭すときには「真に純粋な心で」あることを確認したいと思います。そうではない動機が隠れていると、勧めが正しく届かないばかりか、別な問題を新たに招き入れることになるでしょう。だれに対しても、純粋な心で向き合いたいものです。

やもめについての教えは、今日の文脈に置き換えて、本当に助けを必要としている人々を教会が助けることができるための教えとして受けとめることができます。やもめに限りません。社会的に孤立し、経済的に困窮し、あるいはどのような事情からか、本当に助けを必要としている人々、特に信仰の家族の中にある必要に敏感であることです。「ですから、私たちは機会があるうちに、すべての人に、特に信仰の家族に善を行いましょう」（ガラテヤ六・一〇）。そして、また、隣人を愛することに、世界の必要に、敏感になることです。

奴隷としてくびきの下にある人への教えも、今日の文化脈に置き換える必要があります。生まれ持った立場や、職業倫理についての原理として受け取ってよいでしょう。

神の御名が私たちの軽率によってそしられることがないようにしましょう。私たちの筋の通った歩みを通して、神の栄光が輝きますように。

17　長老の奉仕

〈五・一七〜二五〉

「よく指導している長老は、二倍の尊敬を受けるにふさわしいとしなさい。みことばと教えのために労苦している長老は特にそうです。聖書に『脱穀をしている牛に口籠をはめてはならない』、また『働く者が報酬を受けるのは当然である』と言われているからです。長老に対する訴えは、二人か三人の証人がいなければ、受理してはいけません。罪を犯している者をすべての人の前で責めなさい。そうすれば、ほかの人たちも恐れを抱くでしょう。私は、神とキリスト・イエスと選ばれた御使いたちの前で、あなたに厳かに命じます。これらのことを先入観なしに守り、何事もえこひいきせずに行いなさい。だれにも性急に按手をしてはいけません。また、ほかの人の罪に加担してはいけません。自分を清く保ちなさい。これからは水ばかり飲まないで、胃のために、また、たびたび起こる病気のために、少量のぶどう酒を用いなさい。ある人たちの罪は、さばきを受ける前から明らかですが、ほかの人たちの罪は後で明らかになります。同じように、良い行いも明らかですが、そうでない場合でも、隠れたままでいることはありません。」

一七節から二五節までを一段落としている新改訳聖書の段落の区切り方はとても的確だと思います。ご承知のように、章節の区分も段落の分け方も人為的なものです。章節にはさほどの違いはありませんが、段落のほうは非常に多様な提案があることを知っておいてください。ここでも、二三節や二四節に段落をつける聖書がありますが、「ある人たちの罪」や「良い行い」も第一義的には長老たちについて述べていると考え、段落を分けないのが良いように思います。

二倍の尊敬

長老に関してパウロがここで最初に教えるのは、二倍の尊敬です。「よく指導している長老は」と述べた後で、「みことばと教えのために労苦している長老は特に」と続くのは、長老たちの間にいくらか職務の違いがあったということでしょう。彼らは「二倍の尊敬を受けるにふさわしい」と教えています。「尊敬」という語の内容には、その語義からも一八節との関係からも、経済的な面も含まれていることは明らかです。教会が二倍の尊敬をもって尊敬し、サポートすることで、長老はみことばと教えに集中することができ、ますますよく労することができるようになるでしょう。それはそのまま教会の益です。教会は、喜んで二倍の尊敬を払うのです。

一方で、もしもこの聖書箇所を論拠にして、平均給与の二倍の額をもって処遇すべきであるなどと強弁する牧師がいたら、それは要注意です。そこまであからさまな言い分でないとしても、牧師から、陰に陽に贈り物を要求されているかのように感じたら、やはり要注意でしょう。就任時には、金銭に無欲（三・三）であることを確認したはずです。それがいつしか、肉の欲、目の欲、暮らし向きの自慢におびき寄せられているのではないか、よく注意することです。卑しい利得を求めて（Ｉペテロ五・二）いたり、羊を養うことよりも牧者が肥えることに関心が向いて（エゼキエル三四章）いたりしないか、注意したいと思います。どちらかといえば、これは牧師の側の問題です。それと同時に、教会が二倍の尊敬を払うことで牧師を要らぬ危険から守ることができるという問題でもあるでしょう。

長老の罪

次に、「長老に対する訴え」について教えられています。残念ながら、不用意な受理がなされていた面があって、「テモテよ、それはやめなさい」という命令です。「二人か三人の証人がいなければ」というのは新しい教えではありません。モーセを通してこう教えられていました。

「いかなる咎でも、いかなる罪でも、すべて人が犯した罪過は、一人の証人によって立証されてはならない。二人の証人の証言、または三人の証人の証言によって、そのことは立証されなければならない」(申命一九・一五)。

テモテも、幼いころから(旧約)聖書に親しんできました(Ⅱテモテ三・一五)から、この教えをよく知っていたはずです。にもかかわらず、長老に対する訴えが不用意に受理されていたとすれば、それはなぜでしょうか。一つの可能性は、長老の清潔を維持したいという強い願いから、少しでも疑義があれば、訴えを受理するということだったかもしれません。三章に示された、長老になるための要件は高い標準を示しています。四章、五章とテモテに対して命じられていたことごとに鑑みると、働きを始めた長老たちに期待される基準もまたきわめて高いものです。妥協や偽善が入り込んで長老の働きを歪めてはならない、との強い願いが、テモテや教会に、一人による訴えも受理させた、という可能性もありそうです。

清潔保持の願いは全く適切で、大切なものですが、聖書が明示するルールを、人間の判断で勝手に変更するのは間違いです。より厳格に運用したい、というのは、善意や誠実さの現れのように見えるかもしれませんが、人間の勝手であり、神に対する高慢でさえあるかもしれません。神が言われたことをそのとおりに、神のことばをそのままに遵守することが大切なのです。

エバが蛇に誘惑されたときに、善悪の知識の木の実について「それに触れてもいけない」（創世三・三）などと、神のことばに勝手に付け加えたことを思い出します。神の命令は、神のことばのとおりにそのまま受け取ることが大切です。

テモテは、二人か三人の証人がいなければ、長老に対する訴えを受理してはいけなかったのです。誤解してはなりません。これは決して、長老に対する訴えは他の人々の場合よりも慎重に扱うようにとか、寛大に扱うようにとかということではありません。他のどんな人々の場合とも同じように、聖書のとおりに扱うように、という指示です。

そのうえで、二〇節は、罪の事実が確認され、悔い改めがなく、なお罪にとどまる者に関する教えです。「犯している」と、注意深く訳されていることからわかるように、これは、罪の出来事についての教えではなく、罪にとどまっている者に適用する教えです。ほかにも、マタイの福音書一八章で主イエスが教えている原則（一五〜一七節）や、パウロ自身が他のいくつかの箇所で教えていることも踏まえて、この教えを聞くことが大切です。

聖書が示す道筋は、個人的な訓戒から始まり、少人数による確認や対決を経て、なお罪の悔い改めがない場合に、初めて、公の譴責となります。これらの段階の働きかけを受けても悔い改めずに罪を「犯している」長老がいるとすれば、すべての人の前で責められなければなりません。

教会に入り込む罪を放置してはなりません。特に指導者の罪を放置したり覆い隠そうとしたりすることがあってはなりません。ときとして、巧妙な詭弁に出合うことがあります。指導者の罪を公にすることはキリスト教会の恥であり、世間の悪評を招き、福音の輝きに傷をつけるから、戒規するにしても公然とするべきではない、というような論調だったり、あるいは、同情論だったりします。しかしそれでは、神への恐れを蔑み、罪を過小評価することになってしまいます。曖昧な表現で何かを覆っておこうとする考え方に直面したときは、神への恐れと人への愛に鑑みて、それが本当に適切かどうか、その都度、慎重に判断しなければなりません。

教会戒規については、一章の終わりでも短く述べました。教会が神の教会にふさわしい清潔と秩序の中を歩めるように、聖書に教えられながら、適切な戒規を執行すべきです。

パウロはさらに念を押すようにして、二一節、「私は、神とキリスト・イエスと選ばれた御使いたちの前で、あなたに厳かに命じます」と厳粛な響きを伴ってテモテに命じます。

「これらのことを先入観なしに守り、何事もえこひいきせずに行いなさい。」先入観やえこひいきの危険があったのです。私たちも同じです。功労者だからとか、年長だからとか、恩師だからとか、影響が大きいからとか、勝手な言い訳に事欠くことはないでしょう。そうではなくて、聖書の厳粛な命令をそのまま受け取り、そのまま実践する私たちであらせていただきたいと思います。

長老に求められる清さ

二二節以下を、「長老に求められる清さ」というフォーカスで考えます。

まず、「按手」です。これは手紙の全体に照らして、長老に任職する按手のことであると考えてよいでしょう。性急な按手を避けるべきことは、ここまで語ってきた長老の要件、その務めの重要性や困難などを考えれば当然のことでしょう。召しが確認され、資質や評判などの審査がなされて、長老たちによってようやく按手されるのです。

「ほかの人の罪に加担する」とは、性急な按手と同じようなことを言おうとしているのでしょう。たとえば、罪を犯している者を適切な戒規に導かないままで長老に任職することは、その人の罪を是認し、その罪に加担するようなことです。そうではなくて、「自分を清く保」つのです。テモテに求められるのは、神の前にも、人々の前にも責められるところのない者として歩み続けることでした。

二三節は、テモテに自己管理を励まします。現代でも、日本のように衛生的で安全な飲み水が簡単に手に入る地域は、実は限定的です。ましてや二千年前のことです。水よりも、少量のぶどう酒のほうが身体の負担が少なくて、健康な身体を支えることになりました。なお、ぶどう酒といっても、発酵のあまり進んでいない、アルコール度数の低いものでしょう。テモテを含めて、長老職にある者は、すでに三章三節で、酒飲みであってはならない、と教えられていますから、この五章二三節をもって奔放な飲酒を正当化するのは見当違いです。

二四節は、まず直訳を聞いてください。

「ある人々の罪は、たいへん明らかであって、先立ってさばきへと進む。ある人々の場合は、後からついてくる。」

「先立って進む」、「後からついてくる」と、ある種の時間の経過、あるいは事の推移を示唆する表現が、節の前半と後半で対照的に用いられています。この「さばき」は、長老の任職に向けての慎重な吟味と判断という意味でのさばきでしょう。終わりの日のさばきという意味も含まれているかもしれませんが、主に、前者の意味で考えてよいでしょう。

任職の判断に先立って明らかになっている罪もあります。この場合はある意味で対処しやすいのですが、隠されていた罪が厄介です。吟味と判断のプロセスにおいて、意図的に隠されていた罪を見分けることができなかったり、もしかすると、志願者が自分でもその罪を自覚していなかったりすることさえあるかもしれません。けれども罪は必ず後からついてきて、明らかになります。そうなってから慌てたり、後悔したり、教会の混乱に直面したりすることを避けるためにも、性急に按手をしないようにすべきなのです。

二五節も同様のことを語っています。「良い行いも明らか」である場合が多いでしょうが、そうでなくても「隠れたままでいることはありません」と。

今日も、長老の任職において清さと注意深さを大切にしましょう。任じられる側には、誠実を尽くした自己吟味を主に助けていただきましょう。隠している罪はないか、自覚していない罪はないか、主に祈りましょう。人に見せるための良い行いに終始しているようなことはないか、ことばや口先だけでなく、行いと真実をもって愛しているか。二倍の尊敬を受けるにふさわしい者として主に整えていただけるように祈り求めましょう。任じる側は、性急な審査や安直な妥協から守られるように、主に助けていただきましょう。先入観やえこひいきから守られるように祈り求めましょう。

そのようにして、共に主の教会を建て上げていきましょう。

18　満ち足りる心を伴う敬虔こそ

〈六・二後半〜一〇、一七〜二一〉

「あなたはこれらのことを教え、また勧めなさい。違ったことを教え、私たちの主イエス・キリストの健全なことばと、敬虔にかなう教えに同意しない者がいるなら、その人は高慢になっていて、何一つ理解しておらず、議論やことばの争いをする病気にかかっているのです。そこから、ねたみ、争い、ののしり、邪推、絶え間ない言い争いが生じます。これらは、知性が腐って真理を失い、敬虔を利得の手段と考える者たちの間に生じるのです。しかし、満ち足りる心を伴う敬虔こそが、大きな利益を得る道です。私たちは、何もこの世に持って来なかったし、また、何かを持って出ることもできません。衣食があれば、それで満足すべきです。金持ちになりたがる人たちは、誘惑と罠と、また人を滅びと破滅に沈める、愚かで有害な多くの欲望に陥ります。金銭を愛することが、あらゆる悪の根だからです。ある人たちは金銭を追い求めたために、信仰から迷い出て、多くの苦痛で自分を刺し貫きました。」

「今の世で富んでいる人たちに命じなさい。高慢にならず、頼りにならない富にではなく、むしろ、私たちにすべての物を豊かに与えて楽しませてくださる神に望みを置き、善を行い、立派な行いに富み、惜しみなく施し、喜んで分け与え、来たるべき世において立派な土台となるものを自分自身のために蓄え、まことのいのちを得るように命じなさい。

テモテよ、委ねられたものを守りなさい。そして、俗悪な無駄話や、間違って『知識』と呼ばれている反対論を避けなさい。ある者たちはこの『知識』を持っていると主張して、信仰から外れてしまっています。

恵みがあなたがたとともにありますように。」

違った教え

手紙の結びに、パウロはテモテに託した務めの中心をもう一度確認します。務めは一章の最初から明らかです。「きよい心と健全な良心と偽りのない信仰から生まれる愛」を見失った教師たちが、「違った教えを説いたり、果てしない作り話と系図に心を寄せたり」しないように命じることです。この務めの達成のために、パウロはいくつもの角度から具体的な励ましと指示を与えてきました。最後にもう一度述べます。二節、「あなたはこれらのことを教え、また勧めなさい」と。というのは、「違ったことを教え、私たちの主イエス・キリストの健全なことばと、敬虔にかなう教えに同意しない者」がエペソの教会を混乱させてはならないからです。

エペソは、その戦略的重要性を考えて、パウロが特別な関心を向け続けた教会です。しかし殉教の死が間近に迫っていて、これ以上、エペソの教会に対して直接的な牧会ができそうにありませんでした。それで、最後に、いわば自分の右腕とも言うべきテモテをエペソの監督牧会の務めに任じました。教会が健全に堅固に建て上げられることを願ってのことでした。

そのテモテの務めを再確認するのですが、とはいっても単なる再述ではありません。鮮明な表現で、偽教師たちの特徴を指摘し、その実態と背後にある本質を言い当てています。特徴は、「違ったことを教える」ことですが、それを、「健全なことばと、敬虔にかなう教えに同意しない」ことであると言い換えています。これによって偽教師を見分けることができます。

一つには、主イエス・キリストの「健全なことば」に同意しないことです。果てしのない作り話と系図が得意で、聖書に題材を求めているようでいて、その実、人間的な知恵と想像の産物にすぎない、果てしない作り話が上手なのです。けれども、よくよくその話を聞いていると、それがキリストの健全なことばに同意しないものであることがわかります。これが偽教師の違った教えです。

もう一つは、「敬虔にかなう教え」に同意しないことです。「敬虔」は、これまでも幾度か用いられた鍵語です。三章一六節では「敬虔の奥義」とありました。簡単にはわからない面があります。人のことばでは表しきれない面があります。奥義だからです。それなのに、わかりにくさや一見の矛盾を根拠にして、早々と、「敬虔にかなう教え」に同意しないことに決めてしまうのも偽教師の特徴です。

四節に、「その人は高慢になっている」とあります。これが偽教師の実態です。どのように高慢かというと、まず「何一つ理解していない」と言い放たれます。ここも一章の初めと響き合っています。「律法の教師でありたいと望みながら、自分の言っていることも、確信をもって主張している事柄についても理解していません」（一・七）。そう、何一つ理解していないのです。それなのに、教えようとしたり議論をふっかけたりします。実のところ、「議論やことばの争いをする病気にかかっている」のだと、パウロは言います。ことばは巧みかもしれません。自信にあふれていることでしょう。しかし、そのような教師たちから生じているのが「ねたみ、争い、ののしり、邪推、絶え間ない言い争い」のようなことならば、高慢な偽教師ではないのか、注意深く吟味する必要があるでしょう。教師たちはまず自らをよく省みましょう。教会は主にある識別力を祈り求めましょう。高慢は、あふれる自信と紙一重です。注意深く識別したいと思います。

また、高慢な偽教師は、「敬虔を利得の手段と考える」全くの考え違いに陥っています。「知性が腐って真理を失い」などと、たいへん強いことばを使うことをパウロは躊躇しません。それだけ大切なことだからです。教会の会衆のためであれ、教師たちのためであれ、敬虔を利得の手段と考えることは間違いです。御利益信仰を吹聴したり、自分のために卑しい利得を求めたり（Ⅰペテロ五・二）する考え違いから守られなければなりません。

満ち足りる心を伴う敬虔こそ

敬虔には「利益」があります。「大きな利益」を神に期待してよいのです。これは御利益信仰とは異なるものです。一般的に御利益信仰とは、利益を得ることを第一の目的として信心することでしょう。聖書の教えはそれとは違います。益は用意されていますが、敬虔をそのための手段とは考えません。益は結果であり、敬虔は益への道なのです。

ことば遊びにならないように、もう一度整理してみましょう。

信仰のことばと行為をもって益を買うのではありません。利益を得るために信仰するのではありません。敬虔を利得の手段と考えてはなりません。神が与えようとしておられる大きな利益を受ける道として示された敬虔に、私たちはただとどまっていればよいのです。益は目的ではなく結果です。敬虔の道に生きる者に、神が利益を備えてくださいます。

神が備えてくださると信じるので、満ち足りる心をもってその道を歩むことができます。もっとたくさん、もっと早く、もっと何とかなどと、足りることを知らない心は、どれだけ与えられても、もっと求めます。自分の理想でしょうか、他者との比較でしょうか、何らかの基準をもっていて、その基準に照らして量ると足りないらしいのです。

世に言う成功者にまつわるエピソードを聞くことがあります。財産であれ、地位や権力であれ、美貌や称賛であれ、世間から見れば頂点を極めたかのように見える人が、すでに得ているもので満足できないことがあるといいます。もっと、もっと、と追求しても、進めば進むほどゴールが遠ざかって行くのです。

二〇〇六年、「格差社会」という単語が新語・流行語大賞の上位候補になりました。その数年前から日本で格差の増大が指摘されていました。同年出版された加藤諦三著『格差病社会』(大和書房)が、現実の格差以上に格差意識の問題を指摘したのも興味深いことでした。

実際にどれだけもっているかではなく、満ち足りる心をもっているかどうかが問題なのです。もとより聖書は教えています。「満ち足りる心を伴う敬虔こそが、大きな利益を得る道です。」

私たちはどうでしょうか。何をもっと求めているでしょうか。だれにもっと求めているでしょうか。満ち足りない症候群に陥っていないでしょうか。前回も目を向けましたが、肉の欲、目の欲、暮らし向きの自慢（Iヨハネ二・一六）に訴えて、私たちの不満足をかき立てるのがサタンの常套手段であることを忘れてはなりません。

七節の真理を、私たちも理解してはいます。口でもそのとおりに述べます。「私たちは、何もこの世に持って来なかったし、また、何かを持って出ることもできません。」異論はないでしょう。それなのに、この頭で理解していることと、身体に染みついた感覚との間に何らかの乖離があるのかもしれません。裸で、手ぶらでこの世界に生まれてきた時から今日まで、必要なものは神が備えてくださいました。神の恵みの御手に支えられています。預けていただいたすべてのものを、ただ神の栄光のために用いて生きることが私たちの願いです。そして、地上の生涯を終える時にはそのすべてから離れて、裸で、手ぶらで神のもとに帰るのです。

ヨブの告白を思い出しましょう。

「私は裸で母の胎から出て来た。

また裸でかしこに帰ろう。

主は与え、**主**は取られる。

主の御名はほむべきかな。」（ヨブ一・二一）

また主イエスのお話を思い出します。ルカの福音書一二章です（一六～二一節）。

「ある金持ちの畑が豊作であった。彼は心の中で考えた。『どうしよう。私の作物をしまっておく場所がない。』そして言った。『こうしよう。私の倉を壊して、もっと大きいのを建て、私の穀物や財産はすべてそこにしまっておこう。そして、自分のたましいにこう言おう。「わがたましいよ、これから先何年分もいっぱい物がためられた。さあ休め。食べて、飲んで、楽しめ。」』しかし、神は彼に言われた。『愚か者、おまえのたましいは、今夜おまえから取り去られる。おまえが用意した物は、いったいだれのものになるのか。』自分のために蓄えても、神に対して富まない者はこのとおりです。」

そして、続けて教えてくださいました（二二～三二節）。

「ですから、わたしはあなたがたに言います。何を食べようかと、いのちのことで心配したり、何を着ようかと、からだのことで心配したりするのはやめなさい。……むしろ、あなたがたは御国を求めなさい。そうすれば、これらのものはそれに加えて与えられます。

小さな群れよ、恐れることはありません。あなたがたの父は、喜んであなたがたに御国を与えてくださるのです。」

恵みの父が備えてくださるものに信頼し、満足している者は、自由です。テモテと教会に対して、「衣食があれば、それで満足すべきです」と語るパウロは、このときローマの獄に再びつながれていて、いよいよ殉教を意識していました。しかし、自由です。満足しており、平安です。御国の主に全幅の信頼を置いているからです。

満ち足りる心を伴う敬虔。私たちは、私は、どうでしょうか。

神に望みを置いて

一七節以下に目を移します。頼りにならない富に望みを置くな、高慢になるな、とパウロは念を押します。「今の世で富んでいる人たち」が直接の対象ですが、問題は富ばかりではないでしょう。自分の力、自分が蓄えたもので自分を支え、自分を楽しませることができるかのような思い上がりは、金持ちだけの問題ではありません。神が「すべての物を豊かに与えて楽しませてくださる」という事実に信頼して、神に望みを置く者は幸いです。「善を行い、立派な行いに富み、惜しみなく施し、喜んで分け与え」る自由を体得することです。

私たちはどうでしょうか。神に望みを置いて、満ち足りる心を伴う敬虔に生きる者でありたいと思います。

19　この方に誉れと永遠の支配がありますように

〈六・一一〜一六〉

「しかし、神の人よ。あなたはこれらのことを避け、義と敬虔と信仰、愛と忍耐と柔和を追い求めなさい。信仰の戦いを立派に戦い、永遠のいのちを獲得しなさい。あなたはこのために召され、多くの証人たちの前ですばらしい告白をしました。私は、すべてのものにいのちを与えてくださる神の御前で、また、ポンティオ・ピラトに対してすばらしい告白をもって証しをされたキリスト・イエスの御前で、あなたに命じます。私たちの主イエス・キリストの現れの時まで、あなたは汚れなく、非難されるところなく、命令を守りなさい。キリストの現れを、定められた時にもたらしてくださる、祝福に満ちた唯一の主権者、王の王、主の主、死ぬことがない唯一の方、近づくこともできない光の中に住まわれ、人間がだれ一人見たことがなく、見ることもできない方。この方に誉れと永遠の支配がありますように。アーメン。」

いよいよ最後の段落です。一七節以下は追伸のようなもので、その内容についてはすでに目を留めました。この手紙の本来の結びの一句は、一六節の「この方に誉れと永遠の支配がありますように。アーメン」でしょう。

神の人の歩み

「しかし……あなたは」と始まる一一節は、それだけですでに一定の強調を含む語順です。三節以下の「ある人たち」と対照して、「しかし……あなたは」です。ところが、パウロはそれで十分とせず、さらに「神の人よ」という珍しい呼びかけを用います。困難に直面しているテモテを励まし、支えようとするパウロの願いが浮き彫りになっているかのようです。

困難は、偽教師たちの存在そのものであり、彼らの言動であり、またそれがもたらす悪影響です。「知性が腐っている」（五節）などと、たいへん厳しい表現で断罪されなければならない偽教師たちが、「ねたみ、争い、ののしり、邪推、絶え間ない言い争い」（四節）を生じさせていました。そのような困難な働きの場に任じられて、若手の伝道者テモテは逃げ出したいような気持ちに直面していたかもしれません。この手紙の本文の第一声が

「とどまり」なさい、であったことを思い出しましょう（一・三）。そこから始まって、テモテを教え、励まして多くの角度から命じてきましたが、手紙を締めくくるにあたって、最後にもう一度「あなたは」と呼びかけて、テモテを、困難の中でも踏みとどまって働くようにと励ますのです。

励ましの鍵は、「神の人よ」という呼びかけの中にあります。召しの確認と言い換えてみてもよいでしょう。この呼びかけはテモテに、彼の立場を思い出させ、召しの事実を確認させようとするものだからです。

実は、「神の人」という表現は、新約聖書では、ここともう一か所、テモテへの手紙第二にあるだけです。旧約では繰り返し用いられていることは、皆さんよくご存じのところでしょう。モーセやダビデに用いられ、エリヤやエリシャ、預言者たちに使われ、その用例は七十回ほどあります。それが新約聖書ではたった二か所です。パウロの用いるこの特別な表現に、テモテは、神の召しにあずかり、神のために働く者として取り分けられ、任じられているという事実を思い出させられたのではないでしょうか。

この事実はテモテにとっても、あらゆる時代の伝道者にとっても大切なことです。働きの現場で大きな困難に直面するときに、そこに踏みとどまることができる助けは召しの事実です。使命感や頑張りでは十分ではありません。やりがいや報酬はこの世限りのものです。人の称賛や励ましは移ろいます。確かな拠りどころは、神が召してくださったという事実です。それが伝道者の拠りどころです。

「神の人よ」という呼びかけに続くのは、「避けなさい」、「追い求めなさい」という二つの命令です。避けるべき「これら」についてここで繰り返す必要はありません。パウロは多くのことばを用いてテモテに教えてきました。追い求めるべきは、義と敬虔と信仰、愛と忍耐と柔和です。六つの語が接続詞なしに並んでいますが、牧会書簡には珍しいことではありません。新改訳第三版ではこの六つを並記していましたが、新改訳２０１７は三つと三つに分けました。前半はおもに神との関係、後半はおもに人との関係と考えることもできそうです。

エペソ人への手紙から一か所、パウロの教えを聞きましょう。

「しかしあなたがたは、キリストをそのように学んだのではありません。ただし、本当にあなたがたがキリストについて聞き、キリストにあって教えられているとすれば、です。真理はイエスにあるのですから。その教えとは、あなたがたの以前の生活について言えば、人を欺く情欲によって腐敗していく古い人を、あなたがたが脱ぎ捨てること、また、あなたがたが霊と心において新しくされ続け、真理に基づく義と聖をもって、神にかたどり造られた新しい人を着ることでした」（四・二〇～二四）。

キリスト者はだれでも、このように古い人を脱ぎ捨て、新しくされ続けて生きます。ましてや、召されて、務めに立たされている「神の人」においては、避け、追い求めることを大切にしなければならないのは明らかです。

そして、さらに二つの命令がリズムよく展開します。「戦いなさい」、「獲得しなさい」と。

「信仰の戦いを立派に戦いなさい」とテモテに対して命じるパウロは、自分のこともこう告白しています。「私は勇敢に戦い抜き、走るべき道のりを走り終え、信仰を守り通しました」（Ⅱテモテ四・七）。この「戦う」は、何か敵を想定して戦闘するというのではなく、競技に参加して奮闘するというニュアンスの語です。立派に、勇敢に、良い戦いを戦うのです。

「永遠のいのちを獲得しなさい」と命じるパウロはこうも告白しました。先の続きの箇所です。「あとは、義の栄冠が私のために用意されているだけです。その日には、正しいさばき主である主が、それを私に授けてくださるのです。私だけでなく、主の現れを慕っている者にはだれにでも授けてくださいます」（Ⅱテモテ四・八）。神が授けてくださるものです。「獲得する」という訳語で、永遠のいのちを得ることが行いによるかのような誤解をしてはなりません。これは、信じて与えられた永遠のいのちという賜物を「しっかり握っている」というような意味合いです。与えられている永遠のいのちの恵みを手放すことがないように、その恵みのやがての完成を待ち望んで、しっかりと握る者でありなさい、ということです。

地上の生を超越して

一二節後半と一三節後半の用語の繰り返しは意図的なものでしょう。テモテは「多くの証人たちの前ですばらしい告白」をし、主イエスは「神の御前で……すばらしい告白」をもって証しをされた方である、と。この繰り返しをもって、主イエスの模範を見上げるようにテモテに諭しているように感じられます。しかも、一三節に「ポンティオ・ピラトに対して」という一句が加えられることによって、テモテにある種の予告をし、あるいはある覚悟を迫っているようにも感じられます。

ピラトに対してすばらしい告白をもって証しをしたキリストは十字架に進まれました。さらに言えば、カエサルの法廷ですばらしい告白をしているパウロ自身のことも意識の中にあるのかもしれません。そして、テモテよ、あなたにも殉教の危機はいつも目の前にあるが、そこでも、あなたのすばらしい告白を堅持するように、という励ましを読み取ってよいでしょう。そうしてみると、一三節前半の「すべてのものにいのちを与えてくださる神の御前で」ということば遣いの意図もわかります。また一四節で主イエスの再臨に目を向けさせるのも同じでしょう。

生殺与奪の権をもっているかのように見られている人々がいます。しかし、そこで言う生殺は地上のこと、肉体のいのちのことにすぎません。まことのいのちは、神だけが与え、神だけが取ることができるものです。ですから、人を恐れてはなりません。為政者や国家を恐れるのではありません。主イエスはこう言われました。

「からだを殺しても、その後はもう何もできない者たちを恐れてはいけません。恐れなければならない方を、あなたがたに教えてあげましょう。殺した後で、ゲヘナに投げ込む権威を持っておられる方を恐れなさい。そうです。あなたがたに言います。この方を恐れなさい」（ルカ一二・四～五）。

主イエス・キリストの現れの時まで、神を見上げ、神のみを恐れて、すばらしい告白を貫きたいと思います。「汚れなく、非難されるところ」のないように、立派に戦って、永遠のいのちを獲得したいと思います。テモテへの命令、テモテの願いを、私たちの願いとさせていただきましょう。

神への三重の呼びかけと、賛美

主の再臨がいつのことになるのか、私の地上の人生の終わりがいつのことになるのか、私たちには知りえません。神が「定められた時」にもたらしてくださいます。そのお方をほめたたえて、パウロは手紙を結びます。

リズム良く、三重の表現を用いて神に呼びかけます。「祝福に満ちた唯一の主権者」、「王の王、主の主」、「死ぬことがない唯一の方、近づくこともできない光の中に住まわれる唯一の方」と。この唯一のお方は、人間がだれ一人見たことがなく、見ることもできない方です。これらの表現の背後にも、前に紹介した皇帝礼拝やアルテミス礼拝への誘惑が意識されているのでしょう。

ともかく「リズム良く」と形容するだけでは不十分でしょう。韻を踏んだり、類語を重ねたりして、たいへん美しい、印象的な一文をパウロは整えます。そうして最後の最後に、「この方に誉れと永遠の支配がありますように」と神を賛美するときに、テモテも、エペソの教会の人々も、「アーメン」、本当にそのとおりです、と神への賛美に心を合わせるのです。

私たちも、この賛美を共にささげて、神に栄光を帰しましょう。
この方に誉れと永遠の支配がありますように。アーメン。

おわりに

講解説教の出版というお招きを、かなりの戸惑いを覚えながらも、その場でお引き受けしたのは、多くの方々にみことばそのものを聴いてほしい、聖書に親しんでほしい、という編集者の熱意に深く共感したからでした。もちろん、それを主からの迫りと受けとめてのことです。

おおまかに言えば三つの戸惑いを乗り越える必要が、私にはありました。まず何より、説教は特定の聴衆のために準備され、語られる、生きて働くことばである、という私の理解です。それで、書き残すことも、録音の公開も可能なかぎり避けてきました。そこに説教集として出版という招きですから、大いに戸惑いました。

二つめは、私の現在の主な聴衆が神学生である、という現実です。主日は毎週のように違った教会で講壇の奉仕にあずかり、また折々に修養会などで連続したみことばの奉仕の場を与えられることが大きな喜びです。しかし、その聴衆の日常との距離を埋めることは容易ではありません。神学生のために祈り、神学生のために語る日々から紡ぎ出される説教が、読者にどのように届くのだろうか、という戸惑いです。

三つめは、ちょうど打診を受けた直前に、牧会書簡についての別な原稿の執筆依頼を謝絶したばかりだったことです。

これらの戸惑いにもかかわらず、この務めに取り組むことになったのは、頭書の「熱意」と、それがテモテへの手紙であるということによります。この手紙を「福音の宣教と健全な教会の形成に注力するパウロの伝道・牧会の中で紡ぎ出されたことば」と紹介しました。どの時代にとっても大切な神のことばではありますが、特に現代における宣教と教会形成の課題を思うとき、注意深く聴きたい、きわめて重要な神のことばです。それで説教を書く奉仕に取り組むことになりました。ただ、第一の戸惑いは思いのほか影響が大きくて、この説教を「聞いて」くださる読者を想像しながら、語るように書く、という作業に苦戦し、結果、お恥ずかしくも二度も締め切りの更新をお願いしてしまいました。

付け加えますが、聴衆のために具体的に主の介入を祈る奉仕が付随しないことも、もう一つの戸惑いです。ただ、本書を手にしてくださる、私には知り得ないお一人お一人の現実のところに、主の御手が伸ばされ、ご臨在の主の恵みが届きますようにと折々に覚えて祈ることにいたします。

二〇二〇年四月

赤坂　泉

＊聖書 新改訳 2017© 2017 新日本聖書刊行会

健全な教会の形成を求めて

2020年5月15日 発行

著 者 赤坂 泉

印刷製本 日本ハイコム株式会社

発 行 いのちのことば社

〒164-0001 東京都中野区中野2-1-5
電話 03-5341-6922（編集）
03-5341-6920（営業）
FAX03-5341-6921
e-mail:support@wlpm.or.jp
http://www.wlpm.or.jp/

© Izumi Akasaka 2020 Printed in Japan
乱丁落丁はお取り替えします

ISBN 978-4-264-04163-4